創元
アーカイブス

心理療法の光と影

援助専門家の《力》

A・グッゲンビュール＝クレイグ 著
樋口和彦　安溪真一 訳

創元社

Psychologische Praxis, Band 45.
Macht als Gefahr beim Helfer (Shinri ryoho no hikari to kage)
Guggenbühl-Craig, A. (Zürich)
5th edition, ISBN: 978-3-8055-4562-4, 1987

心理療法の光と影　目次

装幀　鷺草デザイン事務所

はじめに「悪より救い出したまえ?」

およそ職業というものはたいていの場合、何らかの形で人々の健康と幸福に寄与しているものである。しかし医師や牧師や教師やソーシャルワーカーや精神療法家といった人たちの活動には、何よりもまず、不幸で病んでいる人とか、自らの進む道がもはやわからなくなっている人に対する、非常に特殊な（専門化された）直接的な助力行為が、その活動の中に含まれている。しかしながら、このような行為のゆえに、この助力者たちは大きな禍《わざわい》をも引き起こしているのである。まさにこの助力しようという意志によって引き起こされる災害を、以下の章で述べていきたい。

私は精神療法家であるが、日常、精神鑑定医としてソーシャルワーカーたちと会い、彼らと親しくしている。また私が分析をしている人々の多くは教師や聖職者であるが、この本を書くにあたって、まず何よりも、このような、親しいが他人である仲間の目の木くずを見るだけではなく、私自身の目の梁（うつばり）を見ようと非常に努力した。このことのために、特に医師や精神療法家のもっているその力の問題を記述したのであり、人に助力することをその使命とする職業が所持している破壊性に目を向けさせるために、ソーシャルワーカーが持っているある心理的な背景について述べ、そしてまた教師や牧師たちの活動についても手短に述べてみた。

その職業のもつ基本的な問題性がどのように克服されるのかを、医師と精神療法家に限って詳細に示そうとした。それは、何よりもまず余計なお節介をしたくなかったし、その人の頭の蠅《はえ》は、その人が追わなくてはならないと思うからである。「力の問題」とそれを克服することはすべての職業で似たりよったりなのだけれど、しかしまた個別な独自なところもある。それゆえ、この小冊子は単に医師や精神療法家だけではなく、まさにソーシャルワーカーや教師や聖職者などの、人に助力することをその使命としているあらゆる職業に従事している人々にも問われているのである。それで私は、一般的にはよく知られていない心理学上の概念はできるだけ少ししか使わないように努めたし、一般的ではない心理学上の概念をやむをえず使う時は、その意味するところを極めて手短に説明したのである。

医師以外のそのような職業の人たちが、その活動している専門領域で、いくらかでも詳細に個人の基本問題に立ち入り、解決策を示すことができるようになればというのが、ほかならぬ私の願いである。この小冊子では、実際文献の呈示は一切していないが、それは読者諸子にまずたくさんの本を読むよりも自分という者の中に分け入り、自分自身を試していただきたいと思うからである。だから、また自分の議論を実験や統計や引用文によって論証しようとはしなかったが、それは自分自身については言うまでもなく、仲間や同僚についての私の経験を呈示することで読者の関心を呼びおこしたいと思っているからである。

以下の論述では、「分析」「精神療法」「分析家」「精神療法家」という言葉が多く使われている。誤解を防ぐために次のことを言っておきたい。精神療法という言葉は極めて一般的に、心（Psyche）を使った治療を指していると私は解している。精神療法は数時間の心理学的な助言という程度のものから、おそらく数百時間を越えるような精神分析まで含んでいる。そのような分析の間には最も深い無意識の層が探究されるし、転移とか逆転移とか、分析家と被分析者との関係が立ち入って語られるのである。だから分析家はむしろ特殊な形で精神療法を行っているとも言える。「力の問題」は分析家にとっても一般的な精神療法家にとっても、基本的には同一のものである。したがって、一般の読者にとってそこでは精神療法のことが語られているのか、分析のことが語られているのかは、別に大した問題にはならないはずである。

最後に、この序章で考えることは、他人を助力することを使命としている職業にあるわれわれは、決して終わりまで悪から解き放たれることはないであろうということである。しかし私たちはいかに悪と関わりあうかという術《すべ》を学ぶことはできるのである。

ソーシャルワークと審問

ソーシャルワークでは、来談者（以下クライエントと呼ぶ）の意に逆らってことが進められねばならないことが非常によくある。ところが、何がクライエントにとってよいことかを、クライエント自身が認識することは常に可能であるというわけではない。ソーシャルワーカーが、ある処置をとることがよいことであると思った時には、クライエントの意に逆らってもその処置はとれるし、そのための法的な力をある種のソーシャルワーカーたちは持っているのである。また、そのような処置がとられないと具合の悪い場合もある。両親に極めてひどい取り扱いを受けたり、あるいは放ったらかしにされたりしている子供を、例えばその両親から引き離すという処理も起こりうるのである。しかしまた、ある子供が好ましくない環境のもとで育っていることがよくわかっていても、それに介入する法的根拠がないこともよくわかっていることがしばしばある。子供がもう少し大きくなって、おそらく青年に近い年齢になって罪を犯してはじめて、子供や両親の意に逆らっても必要な処置を講ずることができるようになる。残念なことだが、ソーシャルワークの領域では、ことが手遅れにならないうちに介入していくことができない場合が多いと言われている。多くのソーシャルワーカーたちは子供自身のためになるように、その両親から子供を引き離すことがいかに難しいかを苦々しく訴えるのである。しかし、成人にある処置を強制することはなお一層難しい。とはいってもスイスでは浪費や飲酒癖や不品行や財産管理上に何らかの問題があったりして、自分自身や家族を難しい問題に引きずりこんだり、貧困におとしいれてしまうような危険のある人は誰でも保護観察を受けさせられることになっている。スイスやほとんどの外国の法律では、必要であると思われる時はいつどこででも、ソーシャルワーカーがこのことに関与できるというわけではない。しかし、その子供のことで、両親に対してある処置がとられたり、あるいは成人に対して、その意に反して処置が講ぜられなければならないという状況は、実際非常に多いのである。例えば、福祉司にとっては自分が後見している人に自分の意向を押しつけることがままあるものだし、十八歳以前にごく些細な犯行を犯しただけの若者でも、二十二歳になるまで保護観察当局の意向にそって教育されたり、保護されたりすることがありうるのである。

だから、クライエントの意志に反して処置するには信念が必要になってくる。何事かがなされる場合、その事柄が正しいことであると確信されていなくてはならない。以下の例はその例証となるかもしれない。十七歳の少女、ここではアンナと呼んでおくことにするが、彼女は二度離婚したことのある母親と一緒に暮らしていた。母親の二度目の離婚のあとでアンナは保護観察を受けたのだった。娘と母親の関係は不健全なものので、彼女は自分のどんな望みでもかなえてもらっていた。義務教育を終えてからアンナは何度か臨時雇いの仕事にはついたが、しまいには働くことをすっかりやめてしまった。母親は娘の振る舞いをこぼしてはいたが、娘が何もせずにのらくらしているのを助長しているように見えるのだった。母親は明らかに娘が大人になり自立するのを望んではいないのだった。娘は娘で暖かい巣から飛び立つだけの力を持ってはいなかった。この症例を非常に慎重に調べたソーシャルワーカーは精神科医と一緒に検討して、母親と娘を別れさせるべきであるという結論に達した。この場合、子供の精神的な健康が危険にさらされていた。そして、母親と娘が引き離されることに激しく抵抗したとしても、これは問題にするべきことではなかった。

母親とアンナが引き離されたあとになっても、彼女に働くことの喜びを呼び起こすことはできなかった。そして、あらゆることが、彼女が男たちによって囲われることを好むということを示唆していた。したがって、売春婦に堕落していく危険を防ぐために、アンナは二十歳を過ぎてもずっと保護観察を受けたのである。

このケースに関与した援助者たちは皆、あらゆる観点からみて正しい処置が彼女にとられたのだということについては意見が一致していた。

では、その処置をとるべきだという確信は何に基づいているのであろうか。そして、このことは忘れてはならないことだが、これは実際保護を受けた者の意に逆らって行われたのである。

ソーシャルワーカーたちのとった処置については、その源をさかのぼれば啓蒙時代にまでさかのぼることができる、ある哲学にその基礎をおいているのである。それによれば、人間というものは理性的でありうるし、またそうでなくてはならないのであり、社会的に適応でき、また適応しなくてはいけないということが前提となっている。人間生活の充実は今述べたことの中にあり、したがって人間生活の充実は大なり小なりその人の可能性に応じて「正常に」(normal)、そして幸福に発展するものであるということになるのである。乳飲み児は愛情豊かな母親に養育されてはじめて満ち足りた幼児に成長していくはずのものなのであり、信頼できる父親というものは、子供が多かれ少なかれ物質的に確かな枠組みの中で、生き生きと健康な若者になっていけるようにしてやるものなのである。そして、楽しく通った学校を卒業してからは、若者は徐々に両親から離れ、職に就き、神経症的ではない釣り合いのとれた、社会的にもよく適応した人間として伴侶を見つけるはずである。また、伴侶と共に若者は子供たちをもうけ、幸せな父親として子供を導いていきながら年をとっていくものなのである。やがて、彼の子供たちは同じように大きくなり、そして幸せな祖父母としての時代が始まる。すべての私たちの努力の目的は健康で、社会的に適応できていて、人との付き合いの中で自分が幸福であると感じるような人間に近づいていくことでなければならない。神経症的であったり、社会的に適応できなかったり、偏屈であったり、一種独特な家庭環境であったりするなどということは回避されなくてはならないし、そうならないように戦わなくてはならないのである。

人がこの意味で幸福に正常に成長しない場合には、幼年期の非常に早い時期の養育中に何かうまくいかないことがあったと考えられる。もし「正しく」面倒が見てもらえていたら、ほとんどすべての子供は釣り合いのとれた快活な子供になるはずだと考えられている。子供や大人が健康で「正常な」人間として発展していけるようにしてやるのがソーシャルワーカーの課題なのであり、クライエントの意にそっていようがいまいが、クライエントの精神的発達というものは私たちが考えた通りに進んでいけるように配慮されなければならないというわけである。

かなり単純化してみせたこのような哲学が私たちの行動の基礎でなくてはならないということは、一見すると疑いもなく正しいようにみえるが、しかし「正常であることが社会に適応していること」という哲学は必ずしも、いつもその時代の第一の主たる哲学であったというのではない。例えば初期や中世のキリスト教徒たちは全く違った考えを持っていた。彼らの努力の目的は、健康で、神経症的でもなく、社会的にもよく適応した人間になることではなく、魂が救われることであり、魂が天国に至るのを手助けすることなのであった。精神的に健康であるとか、社会的に適応しているとかいないとか、人間同士の関わり合いとか、両親からの分離などという概念はたかだか副次的な役割しかもっていないか、あるいは全く何の役割も果たしていなかったのである。中世までキリスト教徒たちが魂の癒しに至ろうと努力したやり方を、今日の私たちは部分的には、神経症的な行動とか社会的に全く適応していない行動と呼ぶかもしれない。このことの非常によい例としては、何物をも恐れることなく、自分たちなりのやり方で神に近づこうとした聖者たちがいる。この中でも、いわゆる柱頭隠行者のことが思い起こされるのである。この中世のオリエントの敬虔なキリスト教徒たちは、自分たちの人生の大部分を柱の上で立ったり座ったりして費やすことで、神に仕えようとしていたのである。この柱頭隠行者や一人っきりで荒野で生活していた信心家たちは、確かに社会的にはよく適応もしていなかったし、社会に組みこまれてもいなかった。自分の全財産を貧乏な人に分け与えて、乞食となって一生を送った聖人たちは、今日ではたぶん、窮状や貧困という危険に進んで我と我が身をさらしているというので、スイス民法の三百七十条によって保護観察処分を受けねばならないことであろう。自らを苦しめるため、断食をしている苦行者というのは、正常さとか、社会適応性という私たちの哲学の枠組みの中では、うまくいっても不幸な変わり者と見られるのだし、悪くすると治療の必要な精神病者と思われてしまったりするのである。中世キリスト教がその形を確立した時にもその当時の支配的な考えに同調しない人も多かった。彼らはキリスト教的な意味での魂の救済以外の価値も大切だと思っていたのである。そういうふうに考えることは彼らに不幸な運命をもたらすこととともなったので、ある時期、ある状況下ではキリスト教的な意味では偏っている価値やそれ以外の価値体系を主張する人々は正統キリスト教教会から迫害されたり拷問を受けたり殺されたりした。異端審問という言葉は今日では悪い響きをもっている。しかし審問官たちは彼らの行為は絶対に正当なものであると確信をもっていたし、彼らは自分に対しても周囲の人々に対しても心優しい人たちであった。この代表的なキリスト教徒たちは、魂の癒しに関する彼らの意見が唯一の正しいものであることを完全に確信していた。この意味で審問は二重の課題を持っていたのである。一つは、人々を重大な危機へと導いていってしまうような危険な異端の教えから社会を守ることであり、また他方、彼らは誤った教えを信じている同胞をその永遠の罰から守ってやらねばならなかったのである。だから、投獄したり拷問したりしてでも、審問官たちは魂がどのように救われなくてはならないかを、決められた手順によって理解できるようにしてやらねばならなかった。大体において、この社会の危険は火あぶりの刑で取り除かれたのである。もし、何度もくり返し異端の教えに走る人が、仮に薪の山の前で自らの過ちを認めたとしても、それにもかかわらず、その人は再び罪を犯すことから免れるために実際に火あぶりにされてしまうか、あるいはその前に絞殺される恵みを賜ったのである。

それゆえ、審問というのはそもそもは、人々を迫害したり苦しめたりする役目をもっていたのではなくて、人間全体や個々の人々を守ったり手助けしたりすることが、その崇高な目的であった。審問官たちは公式的見解を――唯一の正しい考えを――あらゆる手段を講じて、実行しなくてはならないと固く信じていたのである。

今日の社会福祉の仕事が、部分的にでも中世の審問を踏襲しているなどとは言えないのは当たり前であり、拷問とか火あぶりというのはソーシャルワークには決して現れてはこない。しかしある並行関係が目につくのである。私たちは不健全な家庭状況と闘い、不十分な社会の仕組みと闘って、社会的に適応していない人々を社会に適応させようと努力しているが、これは手短に言うと、人にとってそうする方がよいと思われることを実行することなのである。これは私たちが関わりあっている人が助力を拒絶した時にも行われる。このやり方だと、私たちはしばしばある人生観を、同意の有無にかかわらず人々に押しつけてしまうことになる。そして、病気や神経症になるのが当然であったり、不健全な家庭状況や社会的な堕落が当たり前であったり、変わり者になるのも自然であるという側面を私たちは認めたくはないのであろう。

異端審問と現代のソーシャルワークの間の類似は、もちろんあまり厳密に受け取られてはならないものである。ある人の意に逆らって行われる処置は、それが私たちの観点からすれば明らかに正しいものであっても、問題をはらんでいることもありうるということを示すことが肝要であるように思われる。結局のところ、一体どこに一人一人の人間の人生の意味が存在しているのかなどということは、私たちは正確に知っているわけではない。私たちの個人的な努力や社会の営みの目的は、時と場合によってもいろんな人によって、いつも何かしら違ったように見られているのである。今日の私たちの価値観は唯一の最終的な可能性であるというわけではない。二百年も経てば、それはもうすでに野蛮な笑止千万なものということになっているであろう。今日ですら私たちの西洋社会の構造の中に、正常性とか社会適応性という中心的な考えとは違って、それを侮蔑するような運動もある。ヒッピーとその他いろんな亜流たちやいろんな派はその一つの例である。ヨーロッパからインドへと巡礼して行き、時々アルバイトをしたり物乞いをしたりして何とかその日その日を過ごしていき、ハシシを喫うことの中に幸せを見出している髪を伸ばした若者たちは、社会的な正常さを人生の目的とは見なしていないのである。

他人に対して無理矢理何かを実行することが必要であるように思われる時に、自分自身の価値体系に疑問を投げかける姿勢というものは私たちを用心深くさせてくれるかもしれない。この点では審問官という人たちはほとんど何の不安も持たなかった。今これを振り返ってみれば、審問官たちが彼らのなした行為の背後にある動機に、もし詳細に立ち入っていたらどんなによかったであろうかと思われるのである。今日異端審問という行為を調べてみると、彼らが聖なる神の戦士であると自分自身や世間に対して振る舞ったほどには、本当は純粋でなかったのではないかという疑念が心に浮かんでくるのをおさえることはできない。少なくとも無意識的な残忍さや権勢欲が関与していたと私には思われるのである。中世の審問というものは、多くの人の目には公認されたサディスティックな力への志向の化身のように見える。今日のソーシャルワークの作業の中で、あるクライエントに、クライエント自身が拒絶するようなことを時に強いるとしても、私たちの動機はこの審問のそれよりは確かにましに見える。しかし、そのはずだけれどもいつもそうなのであろうか？

私とソーシャルワーカーたちとの何年もの分析的研究の間に、再三目立ったことは次のようなことだった。何かが無理矢理行われなくてはならなかった時に、当事者たちの無意識的な、また部分的には意識的な動機が非常にしばしば幾重にも重なり合っているようにみえたのである。不気味な力への強烈な欲望がその背後にあり、それが夢やファンタジーとして現れ、意識的には認めたくない動機を示していたのである。ある一人の福祉関係の人は、自分が処置を講じたクライエントを、こともあろうに自分の車で轢いてしまったことがある。そして、このことを意図的にやったのではないかと人に知られてしまうのを不安に思い、夢の中で彼はずっと恐れていた。また、精神療法の中で正直に言い表される感情からみて、人の助けになりたいという純粋な意志が必ずしもいつも表に示されているとは限らないのである。「私がクライエントと向かいあって座り、彼女が再三にわたって私に反論する時なんかには、誰の方が本当は強いかを彼女に一度思い知らしてやりたいという欲望が私の中にわき上がってくるのでした。クライエントは、私に反対していては何もできやしないということがまだちっともわかっていないという、勝ち誇った気持ちを私はもっていました」。このような、あるいはこれと似た叙述が、実際存在している感情状態をしばしば適切に言い表している。保護される人の幸せが問題になるのではなくて、何よりもまず、保護する側の人の力が問題とされているように見えることもしばしばである。慎重な、しかも正当な処置をクライエントの意志に逆らって実行することはしばしば深い満足を感じるものであるが、その満足というのは、小学生が他の小学生を叩きのめして自分の方が強いことを示した時に感じるのと同じ種類の満足感なのである。その気分は往々にしてこんなものである。「またしても奴に、何も言えないように、目にものを見せてやったぞ」と。

私とソーシャルワーカーたちとの仕事の中で、さらに興味深い心理的現象が私の注意を引いたのである。判然としない動機が忍びこんでくればくるほど、当のソーシャルワーカーはいわゆる「客観性」にますますしがみついていくことである。ただ一つの正しい解決しかなかったと主張されたりする場合、その処置に関する議論は明らかに独善的になるのであった。非常に聡明な女性のソーシャルワーカーで、私のところで分析を受けていた人がある時こう言うのだった。「私の取った処置が2＋2が4であるのと同じぐらい明白に正しいことだったと、仲間に非常にはっきりと示すことができるような時はいつでも、私はその日の夜不快な夢を見るのです。そして私以外の違った意見はすべて個人的な攻撃のように私には思われるのです」

人を助けるために社会的な職業分野で働いているすべての人には、その行動の心理学的背景に非常な葛藤がある。まわりの人々に対して自分自身の意識では、ソーシャルワーカーは人を助けることが自分の動機の主要なものであると見なさなくてはならないと感じている。しかしながら、心の深いところでは同時に全く反対のこと、助力したいという望みではなく、支配したり、クライエントから力を奪うという喜びや欲望が布置されているのである。そしてまた、ソーシャルワーカーがクライエントの意に反して働かねばならないという時には、慎重に無意識の深層を分析してみると、力への欲動が非常に大きな動機になっていることが明らかになってくる。極めて一般的に言って、力への欲動というものは、客観的道徳的な正しさというマントを着て現れることが許される時ほど、また無制限に荒れ狂うこともないのである。つまり人間は「良いこと」を無慈悲な手段で行うことが許されていればいるほど、もっとも残忍になりうるのである。日常生活の中で力への渇望にあまりに強く動かされている時は、確かにほとんどの場合、私たちは厳しい良心に苦しめられるが、しかし時には罪の意識が完全に消えてしまうことがある。それは、無意識には力への渇望があるにもかかわらず、意識の中では私たちの行為がいわゆる「客観的な正しさや良さ」によって正当化されている時なのである。

クライエントの意志に反して、その生活上重大な決定を行わねばならないソーシャルワーカーにとっては、それゆえ「力の影」の問題は極めて重要である。しかし、ここではある種の誤解をまず避けておきたい。それは、誰でも常に私心のない動機からだけで行動できるものではないということで、最も高貴な行為も私心のない澄みきった動機と、利己的な暗い動機の両方に基づいているということなのである。全く不当なことなのだが、この事実に基づき、多くの人やその行いが不当にも愚かしいものとされたり、笑いものになったりしている。たとえ気高い慈善家でも、いつも太っ腹な慈善家であると見られたいという動機からも動かされることもあるので、そうだからといって慈善の価値が小さくなるというものでもない。また力への渇望に非常に強く動かされているソーシャルワーカーは、それでもクライエントのためになる決定をなすことができるのである。しかし、次のような危険性もそこに存在している。すなわち、ソーシャルワーカーが私心のない動機から行動しているふりをすればするほど、「力の影」は優勢になってきて、ついには時としてソーシャルワーカーにあまりにも問題の多い決定をさせてしまうことがある。

例えばスイスでは、少年のために二十歳を越えていても、少年刑法を延長して適用してもよいかどうかという問題がある。このような世論は社会福祉司の「力の影」の現れではないだろうかということが問われてもよいであろう。そのような「力の影」の現れは、それと関係のある近縁の職業、少年非行事件を取り扱う弁護士や検事などにも見られるものである。少年法は年若い犯罪者たちを形式的な刑から保護し、彼らを学校卒業後も教育していくことを許可するのであるが、同時に、そのことは若者たちを多かれ少なかれ観察者の胸三寸に任せてしまうということになり、これは避けて通ることはできないものである。例えば二十五歳まで少年法の適用が拡大されたとしたら、実際には次のようなことになることであろう。ちょっとした違反を犯した二十二歳の青年は、ただそのための罪の刑に服すだけでなく、今や社会復帰教育を強制的に受けさせられることになる。それは大人の刑が適用されるよりも一層長く厳しいものになるかもしれない。彼はもう法律によって定められた刑に従って罰せられることはなくなるが、当局の胸三寸に任せられるということになってしまう。例えば二十四歳のこそ泥は、ただ処罰されるだけではなく、観察者は彼を教育し根本的にその人間を変えてしまうように強制する力をもてることになるであろう。

ここで空想のおもむくがままに任せてみたらどうだろう。多くのソーシャルワーカーたちやその領域に興味をもっている法律家たちは刑法全体を、決まった刑罰というものは存在せず、ただ教育的な処置のみがあるというふうに変革したいと望んでいる。法に触れた人はもはや刑罰を受けることはなく、社会的に適応できる人になるように教育的な手段で助けられなくてはならない。他の言葉で言いかえると、法に触れるようなことをした市民は誰でも、担当の観察官によって性格とか社会的態度を試験されうるのである。彼の性格が規準に合わず判定者の価値判断に合わないということがはっきりしてくると、教育的な処置で強制的に内的変化を起こさせられる。それをもっと強調して定式化すると次のようになる。駐車違反した者は、ある状況のもとでは何年もの社会復帰教育を受けなくてはならないという結果にもなりうる。このような処置を提案したり実行したりするソーシャルワーカーは、例のないほどの強力な力をもつことになるであろう。そうであるからこそ、このような改革案は部分的には、非常に広範囲に拡大されたソーシャルワーカーの影の表現ではないかという疑問を私は投じたのである。

両親の権利が非常に強く守られているということが、とりわけ熱心なソーシャルワーカーたちにとってはいかに受け入れがたいことであるかということが、いつも私の注意を引くのである。例えばある両親が子供たちを本当にひどいやり方で育てており、人道的な判断をすれば、当の子供が大きくなった時には社会的に役立たずの人間になることが、ほとんど確実であると当局にはみえることがある。が、そのような時でも、両親が子供を放ったらかしにしていることや子供の取り扱いが間違っていることが極めてはっきりしている場合以外は、当局は関わってはいけない。多くのソーシャルワーカーたちによって次のようなことが議論されるのである。「そんなことは全くナンセンスだ。両親が子供たちを堕落させてしまう前に両親の手を封じていく権利があって然るべきだ」と。より早く事例《ケース》に関与していくことができるようになるべきだという真面目な姿勢の背後に、ソーシャルワーカーの力の影が潜んでいるのではないか、という問いがここで再びなされるのである。ある女性のソーシャルワーカーは、子供の教育という点では全く無能力な（と彼女は考えたのだが）両親からその子供を引き離そうと非常に一生懸命になっていたのだけれど、子供に対する親権を両親から取り上げる法的根拠がないので、彼女の主張を実行することができなかった。その時彼女は驚くべき卒直さで私に言うのだった。「その時私を満たしていた一番大きな感情は、その両親に対する憤りと嫌悪の感情でした。彼らにはそのことを本当にいつか知らしてやりたいと思いましたわ」。当のケースワーカーは、両親よりも強くなれなかったという欲求不満の感情でいっぱいになり、それは子供を助けてやれなくて残念だという気持ちよりはるかに強かった。このことをより一層明確に示すために私はもう一度、はじめに述べたアンナの症例に立ち戻りたい。私たちの動機を根本から検討することが、あの時に是非とも必要だったのではないだろうか。娘を母親から遠ざけておくということで、われわれは本当によいことをしたのかどうかは、たぶんそんなに確実なことではないのである。なるほど母と娘は不健康な結びつきかたをしてはいたが、しかし彼らに無理強いしたことが、彼らを傷つけはせずむしろ役立ったのだという主張は少なくとも疑わしいものだった。母と娘が非常に長い間お互いに結びつきあっているということが、正しい人生のあり方ではないと本当に言えるかどうかが特に問われなくてはならない。私が示そうとした健康とか正常とかに関するわれわれの考えもたぶん、全知全能の神にとっては最終的な結論というわけではないのであろう。その娘は母親と結びついていては有意義な人生が送れないとでもいうのであろうか。引き離されることに抵抗していた母娘よりも私たちの方が、よりよく「意義深い」人生をみてとることができていたのであろうか。本当に私たちは彼女たちを助けたいと思っていたのだろうか。あるいは知らず知らずのうちに力への欲望の犠牲に供したのではなかっただろうか。もう少し続けてみたい。その娘が売春婦にならないですむようにと二十歳を過ぎてもなお、保護をするのが絶対的に正しいことなのだと、なぜそんなにも私たちには確信がもてるのだろうか。保護観察が大きな障害を引き起こすことはないと、われわれは本当に知っていたのだろうか。そして実際、保護観察は彼女の行動を少しも変化させなかったのである。それから一年、職業訓練所に収容されても、われわれが望んだような結果はもたらされなかったのである。

ソーシャルワーカーたちはよく次のようにこぼしている。「事態がもう全くうまくいかなくなってから、クライエントたちは役所に相談にやってくる。クライエントに注意深く忠告すると、彼らは耳を傾けはするけれど忠告したのと逆のことをする。そして破局が起こってはじめてまたやってくる」と。このような振る舞いにソーシャルワーカーたちは憤慨し、綿密な検討によって与えた勧告が実行される可能性がもはやなくなってしまったことを嘆くのである。このような憤慨と慨嘆は本当に社会的なエロス（愛）の表現なのであろうか。それとも、失望を味わわされた力への欲求の表現にすぎないのであろうか？　人生とはかくあるべきものだという、自分たちの考えや規範を他の人に強制していくというようなことを、真のエロスは実際に望んだりはしないものである。

ソーシャルワーカーの職業の中に力の問題が存在していることは、間接的にさらに次のようにも証明される。その職業の性質によって一般的によく知られている職業というものはすべて、世間一般の評価の中にその基本的な構造が反映されているものである。そこにはソーシャルワーカーや医師や牧師や弁護士や政治家たちの職業的性質をみる上で、全く普遍的な見方が存在している。普遍的な像は原則として二重になっているのであり、一方では光ある明るいものであり、他方では暗く陰うつなものである。ある職業に関しての否定的な職業像はほとんどの場合、肯定的なものよりも単一化されており、定型化しているものである。聖職者は偽善者として表されるし、教師は子供っぽい世事に疎い人として、医師はいんちき医者として表される。自明のことであるがこのような陰陽二つの職業像は、一部分は先入観として理解されるのである。しかし、この普遍的なイメージを非常に綿密に検索してみると、しばしば、たとえそれは多分にゆがめられてはいるにしても、部分的には当の職業の本当のイメージが問題になっていることは明らかである。力の影の問題は今やソーシャルワーカーという職業のイメージの中で、普遍的に非常に大きな役割を演じているのである。このようなイメージの中でソーシャルワーカーは、あらゆることに口出しをして、なにが問題なのかを実際知りもしないで自分の意志をクライエントに押しつける人として立ち現れるのである。また時には、すべてを窮屈で道徳的で小市民的な尺度で秩序だてようとし、力を持つ喜びに導かれ、この力が認められない時には感情を害してしまい、意地悪になってしまう人として姿を現わすのである。多くの映画や小説では、この道徳主義的な力への欲求の強いソーシャルワーカーの像はかなり定型的に描写されている。このイメージはほとんど「陰性の神話」とすら呼びたいくらいのものだが、具体的には次のようなものとして現れる。女のソーシャルワーカーが朝十時にその家に現れる。彼女はそこらじゅうを嗅ぎまわり、ベッドがきちんとしていないことや、昨晩の食器が洗われていないのを確かめる。その家の主婦はまだ着物を着ておらず、バスローブを羽織ったままでようやく彼女の日課をはじめたところである。ソーシャルワーカーはこの観察訪問に基づいて、この家には里子をもうこれ以上預かってもらうわけにはいかないと決心する。この家族から強く愛されている里子は、もっとちゃんとした一般市民の家に置くために連れ去られてしまうのである。ソーシャルワーカーの意見が否定的なものになるのは、当の家が無秩序であったからというだけではなくて、何よりもまず、当の主婦がそのソーシャルワーカーのお節介を拒絶し、最初は彼女を住居に招き入れようともしなかったせいなのである。このように自分の持っている力が過小に評価されるなどということをソーシャルワーカーは決して許しはしないし、彼女は当の主婦に、立場が上なのは誰であるかを示そうとするのである。

ソーシャルワーカーのことが語られる時にはいつも次のような言葉が人々の口の端にのぼる。「この人たちはいろんなことにもお節介をやき、いろんなことを命令してまわるのに喜びを感じているのさ」と。このような誰でもが抱くような否定的なイメージを極端に悲劇的に受け取ってはいけない。しかしあまりに単純に片付けてしまってもいけないので、実際その中間に真実の核が存在しているのではないかということを、いつも考えておかなくてはならないのである。

これまで私が言ってきたことはたぶん、古い流行遅れの社会福祉に関してはあたっているかもしれないが、現在のそれにはあたっていないと異議が唱えられるかもしれない。古典的な時代遅れの福祉司や、因襲的な福祉司は確かに非常に大きな力の影を持っていたかもしれない。今日のソーシャルワーカーたちは、心理学的に訓練を受けていて、クライエントを心理学的観点から了解し、助けていこうと努めている。そして、ソーシャルワーカーの基本的な立場はしばしば精神療法家の立場とほとんど区別がつけられないほどである――と言われる。しかしながら、私の経験によれば、心理学についての十分な知識と、心理学上の基本法則に従って処置すれば、力の問題を一層微妙なものにはするが、ただそれだけのことであって、それを消し去るなどということは、どんなふうにしてもありえないことである。事実、心理学的な知識すらも、多かれ少なかれ常に広範に力の影に隷属させられるということが起こりうるので、クライエントはいわば自分の心を支配できなくなるからである。ソーシャルワーカーは、ただ単にクライエントの社会的状況とか経済状態を察して扱うだけではなくて、心理学的なことをも洞察し取り扱うようになるのである。心理学的に訓練を受けた人は、自分のクライエントの心の中で何が起こっているのかをクライエント自身よりもよくわかっている。それでクライエントよりずっと確信を持って、慎重にクライエントに自分の考えを押しつけていくことができるようになる。もし今より以上の心理検査が行われることにでもなったら、その運の悪いクライエントは、もはや自分の身を守ることが決してできなくなってしまうだろう。クライエントは自分が絶えず見透かされていて、心の内が保護司にはすっかりお見通しなのだということにぼんやりと気づくだけである。またソーシャルワーカーは、ある母親に次のようにも言うことができる。たとえ彼女が自分の子供を愛していると言ったとしても、「あなたはお子さんと、なんの精神的な関係をもお持ちになっていませんよ」と。ソーシャルワーカーはまた、次のようにも説明してやることができる。必死になって何年もの社会復帰教育を受けたくないと言い張っている青年は、実は本当のところは、数年間制限を受けることになったことを喜んでいるのだ、というように。クライエントはもう何も言えなくなってしまうだろう。ソーシャルワーカーはレントゲンでものを見るかのように彼らクライエントを見透かしてしまい、クライエントは、結局は無力にさせられてしまうのである。

ここでしかしながら、私たちはもう一人の他の現代の専門家の影の問題に触れていることになる。実際にこの本の焦点となっている精神療法家の影の問題であるが、この精神療法家に関しては次の章で取り扱うことにする。しかしこの章をあんまり否定的な調子で終わりたくはないので、二つ三つの考えをつけ加えておきたい。

なぜある人々は、この困難な責任の重いソーシャルワーカーという職業を選んだのであろうか。それには、人々は極めていろいろな背景を持っているし、個々の人でもさまざまであろう。多くの生活史上の偶然が重大な役割を演じているのである。とはいえ、ある人はソーシャルワーカーになろうと思い、その職の苦労に耐えていく。そしてすべてのソーシャルワーカーに共通する、ある理由というのもやはり存在している。ここでは私は、ただその日の糧を得るために、厚顔無恥ないい加減な精神で自分の職業に従事している人のことを話しているのではない。そのような人にとっては力の影の問題は特に緊急なものでもないからである。何よりもまず自分のクライエントたちのために何かをすることを本当に望んでいるソーシャルワーカーたちこそがくり返し、新たに力の影の手に落ちていくものなのである。厚顔無恥でいい加減な人は、自分の職業にただ形式的に正しく従事するだけであって、その活動のプラスの面にもマイナスの面にも真に触れることはないのである。

社会生活の暗い面に関わりあうように一人の人間をかりたてているのは、一体何であろうか。毎日くり返し新たに、不幸で社会に適応できない人々に関わりあっていくのを可能にしているのは何か。何がある人をして人生の、その不愉快な側面に引きつけるのであろうか。ここでは特別な種類の人間が問題になっている。平均的な「健康人」は他の人の不幸や苦しみを、直接自分に関係さえなければ、できるだけ自分から遠ざけておこうとし、忘れてしまおうとするものだ。あるいはたぶん、時々適当な距離をおいて、例えば新聞やテレビで他人の不幸に出くわすだけにしようとするものなのである。ただ、ごく少数の人々のみが毎日のように他人の心配に対決していこうとする。そんな人たちが特別なのである。言ってみればソーシャルワーカーたちは、ただ普通より大きな人間愛に恵まれているということになるのかもしれない。だが事はそう単純ではない。なぜなら、それは事実ではないからである。すなわち、すべてのソーシャルワーカーは、不幸な人を助けることによって表される隣人愛を、神の最も崇高な命令として信じているキリスト教徒ばかりではない。しかし同時にまた、いわゆる助力しようとする意志を、その職業の影の部分、すなわち力への志向を合理化するものとしてのみ理解するのも正しいことではない。もちろん何か賛嘆に値するようなことを、何かしらさほど賛嘆に値しないことにしてしまうことは起こりがちなことであり、またこのようなことを述べている心理学の論文も数多くあり、そのような論文の中では非常に注意深くではあるが、特別なエロスの表現として理解できることでも、結局は何か低級な欲望の昇華にすぎないというように言うのである。このような見方からすれば、画家は子供の時に十分なぐり描きをさせてもらえなかった人間ということになるし、教師は覆面をした小児性愛者ということになり、精神療法家は窃視者ということになってしまうのである。

非常に特殊な心的構造を持った人というのはやはりこの世の中にいるものであって、そんな人は、人々が社会的に適応しているか、不適応か、社会的に成功しているか、それとも失敗者か、精神的に健康か不健康か、という人間のもっとも基本的な両極性を毎日毎日はっきりさせていくことを、人生の使命と考えているのである。この人間の両極性は、他の職業に従事する人よりも、助力をすることをその本来の使命とする職業に従事する人をより強く引きつけるのである。

私たちはここでは、いわゆる助力することを使命とする職業の基本問題に触れたが、その影の面をこの本の中で述べてみたい。次の章で精神療法家の影の面に立ち向かう前に、光あるところ影もまた存在するということを特に強調しておきたい。

精神療法家——いんちき医者、偽りの預言者

今日の形の精神療法は比較的新しい。精神療法家が従っている職業上の理想像は、種々の職業から導き出されたものであるが、また精神療法というものはそれよりも古い職業とは全く無関係なのだ、と解するわけにもいかないのである。望むと望まないとにかかわらず、確かに精神療法は医学と深く関係しているものなのである。医師たるものの理想的イメージの一部は精神療法家のものと同じであって、精神療法家の暗い面は、部分的にはその活動が医師の活動に似ているという性格に関係している。医師は患者や病める人を助けるためにひき受ける。ヒッポクラテスの誓いの中では次のように言われている。「患者の治療にたずさわる時には、私は最良の知識と良心に従い、どんな不当なことも避けるようにします」。そしてさらに、「私は患者の家にはただ彼の健康のためにのみ入るようにし、常に礼儀正しく振る舞います」。さらに、「私は自分の人生と職業を神聖なものであると見なします」と。この崇高な医師のイメージは、西洋の人々の考えに合っていてよく知られている。

医師の活動の暗い面はヒッポクラテスの誓いの中には見出すことができない。その暗い面はジュール・ロ

マンの演劇作品『クノック博士』の中で戯画化されている。クノック博士は私心なく患者を治そうとするわけではなく、自分の医学の知識を自分の個人的な利得のために使用するのである。その際、彼は健康な人を病人にしてしまうことをもはばからないのである。「健康な人はいない。ただ自分が病気であることを知らない病人がいるだけである」というのが、彼のモットーなのである。クノック博士はいんちき医者である。ある何かオーソドックスではない方法や、アカデミックな医学によって規格化されていない方法で、病める人を助けようとしている医者や医者でない人たちのことをいんちき医者と呼ぶのではなく、一番うまくいった時には患者と自分を欺き、全然うまくいかない時には患者だけを欺くような医者を、私はいんちき医者と呼ぶのである。彼らいんちき医者どもは、自分のところにやってきた患者たちを助けるよりは、経済的にあるいは名声獲得により、自分のために役立てようとするのである。この意味でいんちき医者の活動は、個々の症例では有用であることもあり、害になることもあり、毒にも薬にもならないこともあろう。どうなってもそのようなことは治療者の興味を引くことではないのであり、彼らには真実さがなく、ただ自分のためにだけ働いているのである。

いんちき医者としての性質は、どこにでも医師につき従っていく影の一つの形である。それは医師の黒い兄弟なのである。この黒い兄弟は医師の内にも外にも生きている。この黒い兄弟は、スイスのアペンツェル州のもぐり医者みたいなものかもしれない。正規の医師にとっては腹立たしいことだが、このもぐり医者のところにも患者たちは治してもらいにくるのである。しかし、しばしば医師自身もその職業的活動の中で、いんちき医者という影の犠牲になったりするのである。患者たちは、医師が医学のヒッポクラテス的な理想像によって立つのではなく、クノック博士のような影のイメージによって立つように、大きな圧力をかけるものである。慢性疲労とかある種の背中や関節の痛みとか、はっきりしない心臓や胃の具合の悪さとか、慢性的な頭痛などといった、原因のはっきりしていないあらゆる病気に、ことに実地医家は毎日関わりあわなくてはならない。その実際的な治療法というものもまだ発見されてはいないのだが、そんな病気を実地医家は一応は科学的にみえるやり方で治療するのである。医師は身体的な苦しみの大部分が精神的なものから出ていると理解できるような患者に、その精神的な要素を気づかせるようにするかわりに、精神的な問題をますます身体化するように患者を導いていくのである。病気がよくなれば、その医者は偉大な治療者ということになる。病気が悪くなれば、それはただ患者が治療の指示に従わなかったからだということになる。

いんちき医者のこの働きのみごとな歴史的な例を、十一世紀のサレルノのアルキマテウスのもったいぶった忠告に見出すことができる。彼はとりわけ次のように言うのである。「患者には治ると言いなさい。患者の家族には、病気が非常に重いと言いなさい。もし患者が治らなければ、医師は患者の死を前もって予測していたと言われることだろう。患者がよくなれば、医師の名声は上がることになる」と。

精神療法家はその理想像を、一部分だけ医師の活動から受けついでいるだけである。精神療法家の理想像に影響を与えているその他の職業というのは、牧師とか神父の理想像である。

神に仕える人の理想像は歴史の中でさまざまに変化してきており、すべての宗教や宗派で同じというわけではないが、私たちにはユダヤ、キリスト教伝統の宗教的指導者のイメージが重要である。この人たちは少なくともいろんなところで神との結びつきをもっていたはずであった。もちろん、旧約聖書の預言者たちのように、すべての者が直接神からの召命を受けているということではない。しかし、彼らは神との真の結びつきとか、聖書の研究に基づいて、あるいは教会の伝統に基づいて、神とその意志のために力を尽くすことに、真面目に努力してきたのである。

神に仕える人のこの高貴な理想像のもう一方の暗い側面というのは偽善者である。彼は自分が信じているから説教をするのではなく、人に影響をおよぼし力を得るために説教をするような人間なのである。医師のところでの患者のように、牧師のところでの教会員たちはしばしば、望んでいるわけではないのに、牧師の内なる黒い兄弟を目ざめさせることがある。教会員たちは黒い兄弟に偽善者として行動するように、強い圧力をかけるのである。信じることの道連れは疑惑である。誰も牧師や神父から疑いを聞こうとはしない。彼ら自身も疑いはたっぷり持っているからである。それで牧師はしばしばいろんな所で信心家ぶって見せ、疑いを押し隠し、現在の内的な空虚さを思い上がった言葉で覆い隠す他の人々と全く変わるところはなくなるのである。彼が弱い人間であれば、そのことは彼の習慣となりうるのである。

聖職にある牧師や神父は、魂の癒しの道を知っている人間だと期待されている。神を知り神の命令を知る人の影は小さな神様なのであり、牧師や神父は究極的なこと、つまり生と死のことに通暁しているのである。このように、理想的な意味での神に仕える人は、自分が説教していることを証明することはできないのだと明言しなくてはならない。神に仕える人には、その行動を通じて彼自身が代表している癒しの道を証明することが期待されているのである。そして、ここでも神に仕える人の新しい黒い兄弟が出現するのである。その黒い兄弟は自分自身や世界に対して本来の姿よりもよく見せようとする。

偽りの預言者という影は聖職者に一生ついてまわる。ある時は一派に偏した説教者として、あるいは民衆を煽動して人気を得ていく仲間として、彼の外側に現れる影は、ある時には彼自身の内にも出現する。現代の多くの牧師や神父たちはもちろん偽りの預言者や偽善者となってしまうことに対する不安を持っている。外面的なしるしや内面的なしるしで「神の人」と呼ばれることを彼らは拒否する。説教は明るい調子のものにはなるが、それは傍観者的なものになるのである。医師や牧師の崇高な理想像はずっとこの理想像の影に――いんちき医者や偽りの預言者のような影に――つきまとわれるのである。

分析家や精神療法家の理想像は、一部は医学から一部は宗教から派生している。最初に、まず精神療法家の影の問題を医学的な面からいささか詳しく眺めてみたい。私たち分析家は、非常にしばしば治癒結果とか治療可能性に関しては、経験的に一般に認められているやり方がほとんどできない神経症とか、心身症とか、精神病と神経症の境界例といった健康状態の障害と関わりあうのである。例えば、神経症の治療結果に関する統計はほとんどとることができない。よくなったというのはどういうことを言っているのであろうか。悪くなったというのはどういうことを言っているのか。診断基準としては社会適応ということがとられなくてはならないのであろうか。あるいは労働能力なのだろうか。あるいは神経症の症状が増大したり強くなったりすることとか、減少したり鈍化したりすることを診断基準とするべきだろうか。あるいは患者の主観的意見であろうか。あるいは心理学的発達や個体化や無意識との接触が改善されるといったことの進歩が、診断基準になるのであろうか。診断基準そのものが不確実なのであって、これは例えば骨折の際の治癒の判断とは全く相反するものなのである。つまり骨折などでは、骨折した四肢の機能が回復したということが治療効果の明確な診断基準になるが、私たちの場合は何を診断基準として用いようと不十分な結果しか得られないことであろう。上に述べられた精神的な障害の経過においては、集中的な精神療法を受けたのか、あるいは精神安定剤の治療を受けたのか、あるいは全然治療を受けなかったのかということのみが、はっきりした数字で明確な区別を示すだけなのである。心身症の場合でも事情は神経症の場合と似通っている。「自己」や「人生の意味」にどの程度近づいているのか、あるいは遠ざかっているのかとか、無意識との接触がうまくいっているかいないかということは、たぶん、精神療法の成果を一番よく示すことのできる診断基準なのであろうが、一体どのようにしてそれを検索し統計的に検査すればよいのであろうか。

それゆえ分析家なり心理学者が、よい具合に患者に立ち会うことができて、十分な期間一緒にやっていけたり、助けを求めている人とうまく巡り会い、その人の状態がいずれにせよある診断基準に従ってみればよくなったりした時に、分析家とか心理学者と自ら名乗る人は、その成果を自分のために記録しておくことはできるのである。それゆえ、分析家の中の医学的な方向を向いている部分の影、いんちき医者という影が、多かれ少なかれコントロールのないままで活動するという事態になるのである。さらには、病気であるとか健康であるといったようなことや、それに対応して治療が必要であるとかないとかいうような考え方は、極めて一般的に言って、人間の心的状態に関しては身体的なものよりもはるかに適用がしにくいものなのである。どんな人間の心的成長も非常に複雑なものであり、どんな人もいくらかは神経症的なものである。クノック博士のようなやり方で働いている精神療法家はほとんど誰にでもごく気軽に、何年にもわたる分析は避けて通ることができないのだと教示してしまうことになる。彼はそれを非常に広範にやってしまうので、分析を今まで受けたことのない人は誰でも自分が何かしら病んでいるか、あるいは少なくとも心理学的には完全に成長しきってはいないように思ってしまう。

分析家の影は、精神療法家が牧師や神父と共通して持っている特徴によってさらに大きいものとなる。どんな心理学的な学派に私たちが属していようとも、私たち分析家は実際ある決まった信念や組織化された宗教を主張することはないのだけれど、牧師や神父のように、やはりある決まった生き方をよしとすることがある。私たちはどんな哲学をも唱導することはしないが、しかしある信念から自分の好きな心理学を主張することはある。私たちは自分の人生の中や私たち自身の分析の中で、その心理学によって自分で信念を持てるようになり、あるいは自らを築き上げてきた体験があるからである。例えば、ユング派の分析家は不合理なことや無意識との出会いから非常に強い影響を受けるが、一方、私たちが統計的に自然科学的に証明することのできる心理学上の洞察というものはほとんど存在しないと考える。それらはただ、他の人間や研究者の信頼できる真実の証言によってしか確かめられないもので、それを証明するためには、私たちはただ私たち自身や他の人の体験でしか呈示できないし、そのような心的事実というものは、自然科学で言われる意味では、統計的に、もしくは因果律的には把握することができないものであるからである。ここでは私たちは牧師や神父と非常によく似た立場にいるわけである。

しかしながら、自分自身や他の人の独自の個人的な体験に頼りきっているこのような状態は、大きな疑念を必然的に伴うものである。私たちや私たちの証人たちが、自分自身をもし欺くとしたら、それはどうなるであろうか。いや、私たちだけではなくて、私たちが信奉しているのとは全く異なった学問を信奉しているたくさんの正直な人々や精神療法家たちがいるのであるが、この人たちが皆自分自身を欺いているのであろうか。この人たちは皆、目が見えないのであろうか。あるいは事情は、メアリー・マッカーシーの小説『グループ』という本の中の精神科医の場合に示されたようなものであろうか。彼は脳の生化学の研究に向かうために自分の職業を捨てるのである。彼は言う。「……だから私は精神医学から逃げだしたのである。もし精神医学に留まっていたら、皮肉な人間になるか、素朴な嘘つきになるかの選択を行わなくてはならなくなってしまうのだから」。このような疑念を私たち自身やまわりの人々に納得させるだけの力が私たちにはあるだろうか。あるいは私たち精神療法家は、牧師たちにいつもつきまとっているこの疑念に対してするのと同じように、これを遠くに押しやってしまったり、そのことに触れなかったりするのであろうか。

牧師や神父と同じように、私たちは自分たちの魂や人格を使って仕事をしていくのである。すなわち、装置とか手段とか技法といったものは第二義的なものである。自分自身とか、私たちの正直さ、また真面目さや、無意識や夢との個人的な関わりというような事柄は、われわれが使用する道具なのである。この道具を実際以上のものとしてみせようという内的な圧力は相当なものである。そのゆえにこそ、私たちはとかく精神療法家の影にとらわれてしまうことになる。その上さらに、牧師や神父と相並ぶ他の関係が存在している。つまり私たちは全能者としての役割を押しつけられるのである。私たちは無意識や夢や魂の研究をし、意識や経験を越えた先験的なことが現れている領域をも研究している。少なくとも一般の人々や多くの精神療法家たちですら、このように考えている。それで私たちは、普通の人よりは究極的な問題をよく知っているはずだと期待されるのである。もし私たちが弱い人間であったら、生と死の問題に関しては他の人々より、ずっとよくわけがわかっているはずであると、次第に自分で信じこんでしまうことになる。つまり分析家の中で、医師と聖職者の二つの明るい理想が出会うのみではなく、いんちき医者と偽りの預言者という二つの影にも同時に出会うのである。

分析家の影の問題は、他の職業の基本的な姿からは直ちに導き出すことのできない、分析家に特有なものによっても、さらに鋭いものになるのである。つまり、患者がいろんなことを意識するようになる時に、これを手助けするというのが精神療法家の一つの課題である。それゆえ、例えば牧師の理想像では神に関する知識が大きな役割を演じ、医師の理想像では公平無私な治療者のイメージが重要な位置を占めているわけだが、そのように精神療法家の理想像では、意識を築きあげる人、光明をもたらす人とでも呼ぶことができるようなイメージが中心を占めているのである。職業上の理想像は、しかしながら常に黒い兄弟を有しているのであって、それは明るい理想と正反対のことを示す。分析家の職業上の影はただ単に、いんちき医者や偽りの預言者を含んでいるだけではなく、その他にさらに、光をもたらす人とは反対に、分析家の意識的目標に逆らって、完全に無意識的に反対なことを行う人となるのである。そこで、分析家は分析家ではない人よりももっと無意識に脅かされているという逆説的な状況に追いこまれ、誠実な分析家は自分の仕事を完全に無意識的に行っていたと、時々驚きをもって認識させられることがある。

分析家が無意識にしかも破壊的に行動している時には、分析家は患者からは何の警告も受け取らない。患者自身は結局のところ、分析家の中のいんちき医者や偽りの預言者と結びついていて、これらのイメージの成長を促すのである。治療者が自分の影にとらわれればとらわれるほど、治療者は分析が立派に進んでいるという印象をしばしばもつものである。医師が患者にいんちき医者の役割を押しつけられたり、牧師が偽りの預言者の役割を押しつけられたりするように、分析家も自分の患者によって、くり返しくり返し無意識的ないんちき医者の役割を押しつけられる。

ここで一つの重要な反論がしきりに私の心に浮かび上がってくるのである。分析家が真面目に自分の仕事に打ちこんでいる時には、確かに彼は持続的に無意識と接触を保っているのだし、毎日自分の夢や夢以外の無意識のあらゆる表現をも非常に注意深く研究していて、このことはきっと分析家が無意識のいんちき医者や偽りの預言者や無意識な破壊的分析家になり果ててしまうのを防いでくれるであろうと言われているものである。ところがそうはうまくいかない。自分の影に関しては何かある盲点のようなものがあって、私たちは影を夢の中でも行動の中でも見てはいないのである。その上しばしば、自分の友人も時にはこの影が見えないことがあるが、それは彼もまた私のと同じ理由で見えなくなっているからなのである。その結果、感応精神病（folie a deux）に似たものが生じてくるのである。このような場合、敵は私たちにとって非常に有用なものであり、彼らの言葉を私たちは注意深く研究してみなくてはならないのである。

無意識の表現には、それに従って解釈できるいくつかの法則というものがある。しかし究極的には無意識の解釈というのはある種の芸術的な仕事なのであって、職人仕事ではない。解釈に際して、私たちが自分の個人的な規則にだけ従っていては、決定的なことはいつも見過ごされてしまうのである。さらに具合の悪いことには、無意識の表現というものはデルフォイの神託のようにほとんどいつも二つの意味を有しているものなのである。無意識がある方法で解釈されるか、それとは異なったように解釈されるかということは自我の働きによるのであるが、神託に関してリディアの富豪のクレーズスに起こったことは私たちにも起こりうるのである。つまり私たちは無意識を自分の願望に従って解釈し間違って理解するのである。

この少しあとで出てくる論述に先んじて、ここで本当に手短に次のような疑問に軽く触れておきたい。職業的な影に、いんちき医者や偽りの預言者や無意識の破壊的分析家という影にとらわれるということから、一体いかなる必然的な結果が引き出されるのであろうか。われわれは患者に正直であることを要求し、患者が真面目に無意識と対決する時には、夢の説明や解釈で手助けするのであるが、しかし、何よりも私たちは自分自身の独自の行動や態度で手助けしているのである。私たちは自分の職業上の影を直視することによって、人生の不愉快なことにも直面することができることを患者に示さねばならない。精神療法の仕事の中では——ということはつまり、私たちの患者に対する関係の中では、筆者が示そうとしてきたように、完全に無意識的ないんちき医者や偽りの預言者という職業的な影が大きな役割を演じているのである。今、患者がこの影に気づいた時、たとえそれが非常に苦痛なことであっても、もし次のようにいうことができるならば、それは治療の経過に決定的な意味を有することになる。すなわち、われわれがまたしても無意識の中に落ちこんでおり、職業的な影にとらわれてしまっていることを認めることによって、患者を多くの苦しみを伴った洞察へと導くのである。私たちがくり返し、新たに精神療法上の影が働いているのを見ようとしたり、あるいはその影が働いている現場を捕まえようとしたりすることによって、私たちは患者自身がその黒い兄弟と向かい合えるように手助けしていくのである。もし私たちがそうしなければ、患者は私たちから、ただ、どのようにして人は自分自身や他人を欺くかを学びとるだけであり、分析の価値というものも疑わしいものとなる。

職業の影の問題は、さらに精神療法の活動のその他の基本的な状態にも触れることになる。分析家として私たちは再三にわたって非常に大変で、滅多にはない悲劇的な運命と関わり合うはめになる。自分自身や環境によってひどく苦しめられている人間が、独力で自分のことをできるだけ理解できるようにしてやることが、しばしば大切なことである。その人が単に無意識との関係を受け入れるだけではなくて、人生の悲劇的な局面を、すべて不可解なままに、そのままを受け入れていくのを手助けしていくことが大切なのである。たとえ無意識との関係が改善されたとしても、悲劇的であることには変わりがないような、そんな悲劇的な生活状況の中で、患者をさらに手助けしていくためには、私たちも自分自身の悲劇的状況を直視できなくてはならない。その悲劇というのは、私たちがよき精神療法家であろうと努めれば努めるほど、患者の意識化を助ければ助けるほど、またしても、明るい職業像と対立するものにとらわれていくという悲劇なのである。

ある意味で何かのために努力している人——そんな人はまた大概は私たちの患者でもあるわけだが——の運命には明白な悲劇的な側面がある。到達しようとしたり、あるいは避けようとしたりすることとちょうど反対の事柄がいつも布置されているのであり、このことは普遍的にも個人的にもそう言えるのである。フランス革命は人間を自由にしようとしてナポレオンの専制をもたらすことになった。十九世紀スイスでは歌を歌うことに熱中した多くの男たちは男性合唱団を設立することで歌を守っていこうと努力したが、まさにこの男性合唱団によって一般民衆に人気のある民謡は完全に破壊されたのであった。歌は今でもなお合唱という枠組みの中で指揮者がいないと歌えないようなものになってしまった。また自由と愛を伝道するキリスト教が血生臭い十字軍を引き起こした結果、聖地の獲得に熱を上げていた十字軍の従軍者たちが、真っ先にヨーロッパのユダヤ人を根絶しようとしたのである。C・G・ユングはいつも言っていた。もし何かある明ることが意識の中に打ち立てられたなら、無意識の中にはその反対のものが布置されているし、そこから荒廃が引き起こされる、と。医者はまさにできるだけたくさんの人を治そうと思うからこそいんちき医者になってしまうし、牧師は人を真の信者にしたいと思うからこそ偽善者や偽りの預言者になってしまうし、精神療法家は日夜意識化ということに関して働いているにもかかわらず、無意識的にいんちき医者や偽りの預言者になってしまうのである。

ここまでの論述はたぶん、例えばカルヴァン派の説教者や、古いアイルランドの神学者の——もし、その当時に神学者がいたとしたらの話であるが——話のように、何かしら陰うつなもののように見えるかもしれない。オーディン（北欧神話の主神）はイグドラシルと呼ばれるとねりこの根（世界樹）がゆっくりと、しかし確実に大蛇によってかじられ、枯れることを知っているにもかかわらず、自分にできること（大蛇を育むこと）を行うのである。

精神療法家に影が存在していることには、さほど悲劇的ではない一面もある。影によって精神療法家が行う行動は必ずしもいつもマイナスであるというわけではない。いんちき医者の方が、真面目で少し毎日の奮闘の疲れの見えるきちんとした医者よりも、よく人の苦しみを和らげることがある。また一時的に無意識にとらわれている精神療法家は、完全にいんちき医者とか偽りの預言者という影の力によって行動するのであるが、彼はその外見上の確からしさと明解さによって、多くの患者には少なくとも一時的ではあっても、病気の急性の時期の苦しみをかなり和らげることで、非常に大きな救いを与えるものである。

私の患者は次のような夢を見たことがある。「私はある新聞で、ドーミエ風の戯画のような先生の写真を見たのです。その下には次のようなことが書いてありました。『残念なことではありますが、私どもの親しい同僚のA・G＝C博士は医学という崇高な術をいんちき医者として自分の利益のために悪用しました』」と。その時は、私はその夢を自分には関係づけないで、その夢は患者の心理学とか心理療法とか無意識に対する、普遍的な先入観に基づいた抵抗の表現であると解釈したのである。ここにおかれている私の職業上の影――ドーミエ風の戯画――つまりは私への批判を私は自分以外の方へとそらしてしまい、それは患者自身の主観的な問題であるというように理解してしまったのである。分析の経過の中で患者と私は、後になって今一度この夢に立ち戻ってきた。そしてその時には、その夢が私の職業上の影の問題とどのように対決していたのかがすっかり明らかになったのである。患者は私にこう言うのであった。「この夢が現れた時に、私たちがこの夢をまだ十分に理解できなかったことはとても幸いなことです」。私は確信を持ってこの夢を被分析者とだけ関係づけていたのだけれど、私の無意識に基礎を置いていたその確信は、患者には鎮静剤の役目を果たしたのであった。その当時に彼が、私の影とも関わりあわねばならなかったとすれば、患者には耐えることができなかったかもしれない。

この章に述べたことに対する反応はやはり非常に批判的であると思われるが、たぶんそんなに破壊的ではなかったであろう。もし私たちがいつも一番不愉快な形の無意識にとらわれているのであれば、なぜそれを意識するようにと努力しなくてはならないのであろうか。なぜ心楽しく無意識のままに生かしたり、そうさせなかったり、患者を薬でもって助けたりするのであろうか。職業的に意識化に立ち向かっている人にとっては意識化ということは、悲劇的に失敗することが許されないものとして運命づけられているように思われる。ある東アジアの宗教は自我からは何物ももはや望まず、何物も得ようと努力せず、この世のことから自由になり、涅槃に近づこうと努力するのであるが、それは全く不当なことであるというわけではない。そして、自我のあらゆる努力はただ再び病をつくり出すだけである、と深刻にすら言われたりする。だが、ヨーロッパの人々は自我を放棄することはできないし、またしようともしない。C・G・ユングによると、私たちの精神や活動が非常に重大なものであると考えずにはいられないのである。

神の意味附与的な中心である自己は、多くの場合、自我がわきに押しやられたり、非本質的なものとして滅ぼされた時に立ち現れるのではなくて、悲劇的な出来事の中で座礁した時にのみ現れうるものなのである。

エディプス王は熱心にしかも慎重に神々の意向に従って——つまりは無意識に従って生き、努力していこうと努めた。アポロはエディプスが自分の父の血を流し、母親と結婚するであろうと彼に告げたが、それを避けるために、若いエディプスは父のポリボスと母のメローペのもとを去ったのである。ポリボスとメローペが彼の実の両親ではなく養い親であることをエディプスは知りえないのであるが、それは両親が彼の出生の秘密を決して説明しなかったからで、神に呪われた恐ろしい行為を避けようという意識の目論見とは全く逆さまになってしまうのである。敬けんな王は悲劇の終末では犯罪者となって現れ、「この上もなく呪われた、すべての神に憎まれた男」と、自分のことを描写するのである。「見たり愛したり歓迎したり聞いたりするどんな喜びがまだ残っていると言うのか。おお、私を早く連れ去り、この身の毛もよだつような存在をテーベから放逐してくれ」と彼は叫び、そのあと彼はわれとわが身を盲目にしてしまうのである。

まさにこのエディプスの自我の悲劇的な破滅の中で、人間の中の神の光ともいうべき自己が光を放ちはじめているのである。ソフォクレスのこの悲劇を読むと、どんな悲劇に際しても感じるように、意味がもはや自我とは関係を持たなくなってしまったということを経験するのである。同じようなことをすべての分析家は感じるのであり、分析家と共に彼の被分析者もまた同じことを感じている。このように分析家は無意識と関係を持ちつつ、できるだけ意識的に生き、おのれの仕事をこの意味にそって遂行しようと思うが、しかし、それゆえにこそ、なお一層自分の無意識の影にとらわれざるをえず、そして再三再四、新たに無意識のいんちき医者とか偽りの預言者として、患者の前に現れてこようとするのである。

たぶん今まであまりにも一般的に、精神療法家の黒い兄弟の働きや、無意識のいんちき医者や偽りの預言者について述べすぎた。次の章ではもう少し詳細にこの黒い像やその他の黒い像を把握し、精神療法家が無意識にとらわれた時には何が実際に起きるかを研究してみたい。

分析家と被分析者《アナリザント》の最初の出会い

通常分析家の無意識は、彼自身の神経症的な傾向と特に強く関係をもっているというわけではない。真面目な分析家は教育分析や精神分析の仕事の中で、患者を自分自身の神経症的なメカニズムの中に引きずりこんではならないということをある程度は学ぶのである。また分析家たちは自分の神経症をもし克服できないとしても、明確に意識化しなくてはならないことを学ぶ。何百時間もの教育分析がこのことを達成したはずである。

しかし分析家にとっては、彼の人を助けようとするその意志が、実は大きな苦労をつくり出すことにもなるのである。分析家は患者の神経症的な苦しみを見て患者を助けたいと思っているし、分析家は患者が無意識を意識化するように、最善の知識と確信に従って患者の発達を私心なくうながそうとする。まさしくこの意識された意志が、――また、この意志がなくては分析家がその行為を行うことは全くできないことであろうが――例えばいんちき医者を呼びさまし、患者のためにではなく自分のためにだけ働くような分析家を、正反対の極に布置させるのである。分析家は意識的には援助者であり、治療者であろうとしながら、無意識的には利己的ないんちき医者が布置することは避けることができない。これはユングがしばしば「影」と名付けた心理学的現象の一部である。この概念は例えば無意識それ自身と間違われてはならない。C・G・ユングは影ということで、個人的ならびに普遍的な理想の反対のものを意味していたのである。この点で影はそれ自体何か破壊的なものである。影は普遍的にも個人的にも認められているプラスの理想像に対して破壊的に作用するのであり、影の存在というのは自我にとっては非常に不愉快で苦痛なものであるが、それは自我が影を求めていないからというわけではなくて、自我が影に対立するものを現実化しようとしているからなのである。

良心とか超自我というものは現実的な理想という形で、狭義の、あるいは広義の普遍性の特徴を帯びている。自我は再三再四、超自我の要請を満たそうと努め、あるいはなんとか超自我と折合いをつけようとするのである。しかしながら価値観とそれを破壊しようとしている影の力の間には果てしないあつれきがあり、それは確かに力動性を生み出しはするが、同時に苦痛に満ちた不安定さをも生み出すのである。どの患者も時には自分自身の影と一生懸命に対決しなくてはならないし、影は全く悪魔のようなものであり、患者の中ではおそらく意識されることのないままその作用を現すのである。

さて今度は極めて具体的に精神療法家の影に向きあって、そのいくつかの側面を記述してみたい。治療者と患者の最初の出会いからすでに「影」の要素は布置されている可能性がある。両者がはじめて出会った時、両者は共にある意識的な意図を有することになる。すなわち、患者は自分の苦しみから解放してほしいと願い、例えば、強迫症的行動とか恐怖症とか性的不能とか冷感症とか抑うつ気分などといった神経症的症状から自由になりたいと願うのである。患者やその家族の人は心身疾患を治してほしいと望む。患者はしばしば至極安易に、結婚問題とか子供のしつけの難しさなどの、あらゆる種類の人生における困難に対する助けを求める。身体的な病気の患者が身体疾患を扱う医者のところに行って治してもらうように、私たちの患者は苦しみや病気から解き放ってほしいと望むのである。少なくとも心の表層では事情はそうであるように見えるが、心の深層での期待はしばしばそれとは異なっている。患者はある程度無意識的に、あらゆる問題から彼を解放することができて、たぶんその上に超人的な能力すら目ざめさせてくれるような解放者に巡り会うことを、時に期待しているのである。私の非常に聡明な一人の女の患者は、重い神経症の他に、しょっちゅう鼻風邪をひいていたが、分析が始まって数か月経って説明してくれたことには、精神療法によってどんな身体的な病気に対しても免疫になることを期待していたというのであった。彼女にとって鼻風邪というのはそのテストみたいなものだったというのである。もし治療中に鼻風邪が出なくなれば、精神的な力でどんな身体的な病気もだんだん防ぐことができるようにさえなることだろうと、治療のはじめに彼女は空想したのだった。患者は時々治療者に、自分が神経症と闘うのを効果的に支持してくれるだけではなくて、人生のあらゆる問題を解くことを可能にしてくれるような秘密の知識に到達できるようにしてくれることを期待しているのである。

分析が一部は教育分析の意味を持っていると考えられるアナリザントとか、何か社会的には人間と関係を持っている職業に従事していて、分析によって心理学的にさらにその人間性を陶冶しようとしている被分析者にとっては、力の幻想がしばしば非常に大きな役割を演じるのである。まわりの世界を支配したり我がものとしたりすることができるようになる心理学的知識や能力を、分析家によって手に入れようと望むのである。

結婚している人は、はじめの内はしばしば自分の伴侶を見透かし、厳格に監督するための道具や手段を分析家から手に入れたいと望むのである。私は一人の女性の患者をここで思い出す。彼女は、再三にわたって出現してくる神経性気分変調と慢性的な頭痛のため治療を受けていたが、二回目の治療時間中に彼女は、自分の苦しみの背景をかなり理解できはじめてとてもうれしいと説明したのだった。彼女はやがて必ず、夫がいかに間違っていて、いかに自分にひどくあたってきたか、示してやることができるようになるだろうと言うのであった。

治療の始まりの時期においては、治療者と患者の関係は魔法使いとその弟子の関係に似ている。魔法使いとその弟子に関して患者が持つ想像は、治療者にも非常に強く影響を与えるものである。治療者の無意識の中で、魔法使いやあるいは救い手が布置しはじめると、治療者は自分が実際超自然的な力を持った何者かであり、その魔力により超自然的なことを起こさせることができるという感じを持ちはじめる。力強い魔法使いを治療者の中に見出したいという患者の期待と希望が治療者を選ぶ時にもある役割を演じている。患者が治療者を選ぶのは必ずしもその治療者が一番よく自分を助けてくれそうだという感じを持つからではなくて、その治療者が一番力のある魔法使いに見えるからかもしれない。分析家はできるだけたくさんの学位を持っていなければならないし、たくさんの本を著した有名な人でなくてはならないのである。分析家は、今述べたように、非常に苦労しなくてはこの魔法使いの投影を回避することができない。分析家ができるだけはっきりと自分の力や外観を患者に対して際立たせようとしている間にも、魔法使いの投影を患者の中に呼びさましてしまうことになる。患者が分析家に病歴を説明している時、分析家はそのすべてをすでにわかってしまっているのだと患者に思わせてしまうことだろう。多くのことを物語っているうなずきとか、深い知識のほのめかしや、患者の話の間に入れる合いの手などの振る舞いによって、患者には自分の知識や考えのすべてを知らせたくはないけれど、患者の心の底まで見通してしまっているという様子を分析家は示すのである。魔法使いのイメージの中にはまた確かに、完全性への欲求が存在している。一般的に魔法使いは全能でありたいと望むものだし、どんな仲間にも寛容に振る舞おうとはしないものである。魔法使い同士の間の関係は原則として、魔法使いとそれに対抗する魔法使いという、力を巡る戦いの中にしか存在しない。この内なる魔法使いに幻惑されてほとんどの分析家は、助力を求めている人が自分の方にだけ向いてくれるようにと願うのである。新しい患者のための時間がない時には、彼は寛大にその患者を自分の弟子か誰かに委託したりすることもあるが、しかしすべての操り糸は、自分の手を通っていて自分が操っていなくてはいけないものである。多くの分析家たちは大車輪で働いていて、自分の分析を待っている患者がたくさんいることを誇りをもって語ったりする。内的な完全さへの欲求とか、あるいは自分が一番力があり一番優れた魔法使いであるという幻想があるので、分析家は本当に信念をもって患者を——弟子や学生にではなく——自分と同じくらい実力のある仲間に委託することを認容することができないのである。分析家は確かに白雪姫の母親のように、自分がこの世で一番美しいと信じているわけではないが、それにもかかわらず彼の中の小さな悪魔的な魔法使いは、この世で分析の何たるかを真に理解している唯一の人間でありたいという欲求を高めるのである。

魔法使いとその弟子の劇は分析のはじめにだけ演じられるのではなくて、しばしば終結まで、いやそれどころか分析の終了後にもまだ演じられることがある。とりわけ教育分析にはこの危険性がある。この意味で教育分析を受ける被分析者は一生の間、魔法使いの弟子でありつづけるかもしれない。つまり彼は自分の分析家の賛美者であり模倣者でありつづけるか、あるいはまた自分自身魔法の名人に立身出世したいと思い、弟子から名人になっていくのであるが、それは年老いた魔法使いと年若い魔法使いの激しい対決を引き起こすことになるのである。かつての教育分析のアナリザントは自分の教育分析家に深い怨念を持つようになることがよくある。そして、分析家は弟子に裏切られたと感じるのである。両者は職業的にはもはや寛いで一緒に仕事をすることができなくなる。これはまだ引っこんでいない父親のイメージの投影によって起こるというのでは、教育分析家と今や自立する力をもったアナリザントとの間にしばしば見られるいざこざの十分な説明にはならない。

ここで、精神療法における影の問題をさらに探索する前に、いくつかの一般的な注意がなされねばならない。私たちが見てきたように精神療法家の影と患者の影とはお互いに関係しあうのであり、しばしばお互いに非常に緊密な関係になるものである。それは例えば、私が述べた魔法使いとその弟子の例の中にも示されているが、それゆえ患者の影にも同時に立ち入らなくては、精神療法家の影を正しく探索することはできないのである。患者を助けたいと思っている精神療法家の職業的な影は、いんちき医者であり、自分のためにだけ働くペテン師的な医者であるのである。このいんちき医者と平行して、治してもらうために、あるいは精神的に成熟するために治療を受けている患者の中には、あらゆる手段を講じてでも、治ることや精神的に発達することを阻止しようという力もある。その力は治療に対して反対の立場を取るのである。この力はしばしば「抵抗」という名のもとに記述されるのであるが、この内的な抵抗の戦士は非常に攻撃的である。この抵抗の戦士は治療の進行に抵抗するのみではなく、自ら進んで治療を打ち壊そうともするのである。私たちはこの本の終わりでこのいわゆる抵抗をもっと深く理解するように努めることにしよう。ここではさしあたり次のことに注意を払っておくことにする。抵抗は非常にしばしば治療者のいんちき医者の影と結託するのであり、抵抗といんちき医者はお互いに布置しあっているもので、必ずしもいつもそうだというわけではないが、抵抗というだけではこれをよく理解することができないようなものである。

治療の始まる前の状況というのはいろんな観点から見て、いんちき医者という影の布置を起こしやすくしているものである。例えば、いんちき医者という影は、もしできれば裕福で高い分析料を払ってくれる人や、その人を分析していることが分析家の名声になるような有名人だけを治療するように分析家を仕向けていくかもしれない。そしてこのことは患者にもまた、非常に名声の高い分析家にかかっていることでわが身を見せびらかそうとうながすのである。

分析家の中のいんちき医者は、状況を見せかけだけ劇的なものにしていくごまかしにも落ちこんでいくことになるのである。神経症の患者では「精神病になっていく」という非常に危険な可能性が認められることになる。ユングがよく用いた「潜在精神病」という概念はこのことに関しては誤用されているが、精神的破綻が起きるという危険性は、治療者が救世主として現れようとすればするほど誇張される。このこともやはりある種の患者の意に添うことになるわけで、そんな患者は、自分は何もしないで一見絶望的な状況から興味深いやり方で、喜んで救い出してもらいたがるのである。身体的な病を持っている人も、ややともすればこんな話を語ってくれることがある。「どの医者も私を見離しちゃったんです。それで、私は『何でも治せる』博士にかかったんです。それで、私は今とても元気になれたんです」

治療の最初には、分析料を決めることがある役割を演じる、その際分析家の態度の中にしばしばいんちき医者の性質が現れてくるものである。治療過程を進めていくためには分析料というのは絶対に必要不可欠なのだと、いかによく精神療法家の集まりの中で強調されていることか。これは非常に目立った現象である。このことも、あるいは影の言い訳ではないのだろうか。分析料というのは結局、「治療」の要素なのではなくて、精神療法家が学位を持った一人の人間としてそれにふさわしく、快適に暮らしていけるようにあるものではないのだろうか。ここでも私たちはもう一方の対になるイメージを患者の中に見出すのである。患者はしばしば非常に高額の分析料を払いたがるが、それは高額の分析料を払えば分析家を召しかかえたことになるだろうという印象を持つからだし、患者のおかかえとしての分析家は、事実患者が誠実に自分の力で自己啓発を行わないでもいいようにしてくれるであろうという印象を持つからでもある。患者は一番金のかかる分析家を選んだのだから確実によくしてもらえるはずだと、分析家に期待してしまうのである。

治療関係はファンタジーである

一度治療が進み出し、分析家と患者の精神《こころ》（Psyche）が互いに作用を及ぼしはじめると、いんちき医者という影も大いに報われる仕事の領域を見出すのである。あらゆる策を弄して隠れているいんちき医者に到達するためには、しかしまずかなり正確に、患者と分析家の相互の影響の性質や、その影響の起き方を記述しなくてはならない。この関係で使用されている転移とか逆転移という概念はしばしば非常にいろいろな意味で使用される。まずはじめに私たちは、一度出会いとか治療関係を転移あるいは逆転移と対比してみなくてはならない。

転移の場合は相手の中に、自分にはないか、あるいはそれとなく感じられるだけであるようなものを見ていくことである。よく知られているように、患者は分析家の中に父親や兄弟や愛する人や息子や娘を見たがるものであるが、このことはつまり患者がこれまでの人生で出会ってきた人々のイメージを、治療者に重ねあわせるということでもある。それはまた、ある心的構造が自分の相手に転移されうるということでもある。結局は自分で苦悩している属性を相手の中にあまりにも大きく見てしまうのである。この意味では転移の概念は周知のものと考えておいてもよい。

投影という意味でのこの転移と、治療関係とか出会いというものとは、はっきりした対照をなしているのである。治療関係とか出会いというものでは、相手はあるがままのその人として見られるのであり、相手は存在している通りに経験され、あるいは嫌われるのであり、相手は自分とは違った他の人、現実にいる人として相対されるのである。自明のことではあるが、転移と治療関係は大概同時に出現するものであり、この二つの現象は個々の症例では厳密に区別することはできない。一番うまくいく場合には転移から治療関係が生じる。多くの友情というものは、それが友情に発展する前はまず転移だったのである。心理学者があらゆる治療関係を投影と転移で説明しようとするならば、それは私の考えでは極めて破壊的なことになる。そのように説明することは、当の心理学者の自我にとってはたぶん満足のいくことであろう。なぜなら彼は極めて重大な心理学的現象の一つを、つまりあの治療関係を、転移とか投影という単純な概念で、その本質を究明することができたという感じを持つからである。

治療関係の神秘さはただおぼろげに理解されるだけであり、まず鋭く知的に把握されることはない。先にちょっと述べられているように、それは人をあるがままに見るか、あるいは少なくとも部分的であるにせよある程度まで、その人が何者であるかを認識するということを意味する。さらに、ある人が現実的に眺められた時には、その人に関して、その人の喜びや苦しみを分かち持ち、その人と一緒にいたいと思い、あるいはその人と共に行動したいと思い、その人に興味をもって向かい、その人と情緒や感情や考えることを交換したいということも意味する。それゆえ、治療関係の相手はその関係においては、何かある投影とか転移によって傷つけられることはほとんどない。

しかし、この文脈では非常にしばしば精神の力動性や個人の力動性が見過ごされてしまうのである。他人とは一体何であり、相手とは一体何なのであろうか。それは決して何か静的なものではなくて、人生なのであり発展なのであり、過去であり現在であり未来なのである。他の人を把握するためにはその人の現在のみではなく、過去も未来も共に含み入れなくてはならない。

関係というものは常に何かそれ自体創造的なものである。ここで「創造的」という言葉が何を意味しているのかをまず説明しなくてはならないだろう。人間の精神というものは持続的に変化していくものなのであり、常に新たな可能性でいっぱいである。人間の精神は持続的に新しく生まれ変わっており、また生まれ変わらされるものである。個々の人の精神的可能性というものは確かに制限されたものではあるけれど、それでもなお多様でいろんな面を有しているのである。

私たちが一人の人と出会い、その人をちらりと一瞥するだけの場合、それは全く関係づけられることもなく創造的にもならない。私たちが一人の人と創造的出会いをする場合には、その人がどんな可能性を持っているのかといろいろ想像を巡らすことになる。出会った人のさまざまなイメージと起こりうる関係のさまざまなイメージが私たちの中に浮かび上がってくる。このような創造的なファンタジーは非常にしばしば、いわゆる現実性からは遠く隔たっている。すなわち、そのファンタジーなるものはおとぎ話や神話のように、大層非現実的であって同時にまた真実である。伝説的なウィリアム・テルの物語が、科学的に証明された歴史の叙述にも似て、昔のスイス連邦の本質をたぶん非常によく把握し叙述しているのと同じように、創造的なファンタジーは想像的イメージで他の人の本質を把握しているのである。そしてこの創造的なファンタジーはたとえ、これが表現されなくても、仲間の人に影響を与え潜在的な人生の可能性を目ざめさせるものである。

そのような創造的ファンタジーは投影とはほとんど関係がなく、投影というものは自閉的なものである。転移においては私たちは自分自身に関係しているか、私たちの生活史と関係のあるイメージや問題や可能性を相手に投影するが、転移されるイメージは相手とはほとんど関係がない。私がこれまで記述してきた創造的なファンタジーはこれに反して相手の人の本質に関係づけられているのであり、象徴的―神話的形態をとって人生における可能性を示すのである。

今述べたことの例としては、両親がその子に対して持つようなファンタジーを挙げることができるであろう。両親というのは自分たちの子供の将来に関して意識的な、あるいは幾分かは意識的な空想にふけるものである。これらの白日夢は、しばしば子供に対する両親の願望が空想へと変化を遂げたものであって、両親とは非常によく関係しているが、子供の実際の可能性とはほとんど関係がない。しかしこのファンタジーは非常にしばしば子供を見ていて起きてくるものであり、子供を見る見方それ自体は間違っていない。子供の潜在的な可能性は創造的なものであると見られている。子供は母親がなってほしいと思った連邦議会議員にはなれないかもしれないが、それでも政治的な能力は非常に大きいということもある。子供はピカソのようにはならないまでも、芸術的な能力を必要とする職に就くこともできる。さらに例を挙げてみれば、若いフィアンセは自分の将来の夫の未来を、まさしく想像豊かに眺めることがよくある。例えば彼女は自分の許婚者が社会福祉司として働いているにもかかわらず、あたかも彼が大学教授か学者にでもなるかのように夢みたりもするのである。彼女は自分の許婚者の中に隠されている、学長としてのある可能性をこのファンタジーの中で認識しているのである。ひょっとすると彼は一度くらいは社会福祉の学校の講師くらいになるかもしれない。それゆえ、この娘のファンタジーは、許婚者の可能性が当のその人に関係づけられて発展したものといえる。このように相手を見る見方は、あるいは非現実的であるかもしれないが、基本的には相手によく似合っているのである。

この創造的なファンタジーは、空想の中では相手の人のまわりを巡っているが、それはどんな人間関係においても極めて重要な意味を有している。その空想は相手を鼓舞するように働きかけ、その上それが自分自身に結びついたファンタジーと強く混ざりあっていたとしても、それでも相手の中で相手自身のファンタジーを活発化させるのである。どんな人も自分自身に関してのファンタジーを持ち、自分の可能性を神話的―おとぎ話的な形で包み、そして目ざめさせるのである。孤児院と呼ばれた時代の養護施設の子供は、他の誰にもそのようなファンタジーで包んでもらえない場合に、その子の中に自分自身の可能性に関する想像が全然生じてこないということがよくあったけれど、それこそ古いタイプの孤児院に収容されていた子供の悲劇だったのである。そのような子供たちはそれゆえ、たぶん行儀のよい大人にはなるだろうが、精神的には半分しか生きていないことになるし、心的な成長は止まってしまうことさえある。

このような類のファンタジーは、現実的な意味では決して「真実」ではない。このことは今一度強調されなくてはならないが、しかしたぶん象徴的な意味では真実なのである。ファンタジーは人格全体に結びつけられることもあれば、個々の属性に関係づけられることもある。ファンタジーは過去に起こりえたことのまわりを巡ることもあれば、未来の可能性のまわりを巡ることもある。日常の会話にも所々で、次のような表現で現れる。「私は誰それさんを海賊みたいな人だと思っていましたよ」とか、「彼は芸術家のように私には見えましたよ」とか、「彼は私には英国の貴族みたいに思われるのです」というふうに。

相手を暗に指しながら自我中心に考えられるファンタジーのマイナスの作用は、教育の分野ではよく知られている。その子にぴったりしているわけではない両親のファンタジーを、満たさなくてはいけないと子供たちが信じこんでしまうことで、子供たちはすんでのところでその人格が目茶苦茶にされてしまいそうになることもある。しかし、真に相手に関係した幻想のプラスの作用について語られることはほとんどない。数十年前には、おとぎ話や神話は無意味なものとしてではなく、有害なものとしてすら見なされていたわけであり、教育や人と人との関係の中で、空想することがいかに大切であるかということはしばしば理解されないままであった。

　この相互のファンタジーの重要性を個々別々の分析や人間関係において、極めて一般的に理解するためには、ユング派の心理学者が総じてどのように、二人の人間の間の行為と反応を思い浮かべるものなのであるかについて、極めて手短にいくらかの説明的な注釈をつけなくてはならない。例えば、一人の人の空想（訳者注—以下幻想と訳してもよい）が分析家に対してある影響を及ぼしていたりすると、そのことは即座に理解される。しかし、空想が口に出して言われることがないと、相手に関するそのような空想が当の相手にどのような影響を及ぼしているのかを見ることはかなり難しいものになる。ユング派の心理学者は、二人の人間の関係は、二つの意識が出会いお互い触れ合うこと以上のことだと考えている。二人の人間がお互いに相出会う時には、二人の精神の全体がお互いに知り合うということなのである。意識と無意識的なこと、口に出して言われたことと言われなかったこと、すべてのことが相手に働きかけていく。このことがどのようにして起こるのかは、私たちは明確には知らないのではあるが、いつも次のようなことは確認できるのである。つまり個人の精神全体は、たとえ精神の中で起こっているすべてのことが、なかなか口に出して言われたり直接表現されたりしなくても、その人のすべての望みや空想や情緒でもって、意識と無意識の全体で相手に働きかけるものなのである。

　関係のこのような理解の仕方は、もちろん実証するのはなかなか難しいことである。人間関係を興味を持って観察している多くの人々にとっては、それが精神療法家であろうがなかろうが、次の事実が実際再三にわたって目を引くのである。すなわちそれは、二人の人の間で演じられたり、やりとりされたりすることの中には、単に言葉で知らされたり、あるいは行動で表されたりするよりもずっと多くのことが起こっているということである。二つの魂のこの結びつきがどのように起きているのか、私たちは詳細にはもちろん知りはしないのである。

患者は感じたことや夢見たことや想像したことを、分析家にできるだけ正直に物語るように努めなくてはならない。患者がそうすることで、分析家は患者の影という問題性に自由に接近することができる。分析家が自分の中で起きていることをすべて患者に言うわけではないから、分析家の心の中の過程は、それだから患者や分析家自身には何の影響も及ぼしていないであろうと信じるならば、それは分析家のためにはならない。それゆえ分析家が実際いつも影を見失わないでおこうとするならば、患者に関する自分の空想とも非常に熱心に取り組まなくてはならない。自分自身や患者に対して、完全に「客観的な」治療者であるふりをすることは、分析家には何の役にも立たない。それは自己欺瞞である。あるいはまた違った角度から眺めてみると、次のようにもなる。もし治療者がコンピューターのように仕事をする存在であったら、彼の治療的な働きというものが零に等しくなってしまうことはかなり確実である。なぜならば治療者というものはコンピューターとしてではなく、生身の人間としてこそ治療的に働くものであるからなのである。多くの治療者たちは患者に関する自分たちのファンタジーを、あってはならないものであるとして抑圧したり傍らに押しのけたりしようとしている。そのために、ファンタジーの中に存在しているものは、抑圧されているにもかかわらずさらに強くその作用を現すことになってしまうのである。空想を回避することはよくないことで、分析家の課題はまずはじめに自分自身の空想を注意深く観察しようと努め、そして、それを理解しようと努めることなのである。分析家も患者も常にこの空想のまわりを巡っているものだと言える。分析家は自分の患者に対するファンタジーを持ち、患者は分析家に対するファンタジーを持っているのである。

ここでは分析家の影を追求することが肝要である。逆転移の危険性というものが、非常にしばしば記述されてきた。患者というものは機会さえあればいつでも分析家に転移を起こすものであるということになっている。それでこの転移を患者と一緒に解消し、転移の源までさかのぼって追求するのが分析家の仕事になるというわけである。このやり方で神経症の原因になっているコンプレックスの手掛かりも得られる。しかし分析家が逆転移を起こしている時には——その時には患者にはほとんど関係がなかったり、アナリザントの転移に対する応答であるようなイメージとか属性を、彼はアナリザントに投影しているわけなのだが——もちろん分析のそれ以上の発展は阻止されてしまうのである。このことは全くよく知られており、良心的な分析家なら誰でも、転移を認識し、逆転移が起きないようにし、あるいは逆転移が起きたならば、即座に解消してしまうようにすることには、熟達しているものである。

影という現象に関してはるかに難しくて、非常に重要なことは、これまで広い範囲にわたって述べられているファンタジーの方である。ここでは分析家は駝鳥が敵から逃げようとしてやるように、単に頭を砂の中に突っ込んだだけなのである。患者に関して私たちが抱くファンタジーに関してはほとんど語られることがなく、あるいはまた、そういう空想はすぐに逆転移であると理解され同時に誤解されるのである。

分析家がある特別な関係を自分の患者と持っている場合、——そしてそのような関係がないと分析は効果をあげることができないのだけれど——分析家は再三にわたって、自分の患者に関する新しいファンタジーを持つことになり、また分析家は患者に関してある見方をするし、患者のことをいろいろと思い巡らすのである。このファンタジーは、両親のファンタジーがその子供に、そして妻のものが夫に影響を与えるように、患者に影響を与えるのである。

ここでかなりしばしば分析家の持つ破壊的な特徴が現れてくるのである。分析家がある特有な否定的な空想を持つことも起こりうることであり、その空想は持続するものであって、ある観点からすれば分析家を満足させるものである。それは例えば、被分析者が自殺するかもしれないし、精神病になるかもしれないという空想かもしれない。患者の家庭生活や職業や健康に関する破壊的なイメージがくり返し現れ、そのような一風変わった魅力が分析家を引きつけることもある。ここでは患者のためにいろいろ配慮して関わり合っていくことが問題になっているのではなくて、患者が彼自身にとって具合の悪い発展をしていくかもしれないという事実が分析家を引きつける、そのことが問題なのである。分析家同士の会話の中で、どれほどある患者が危険であったのかということを、一人が他のもう一人に語って聞かせることがあるが、私の言う、そのような魅力というやつはこのようにして現れてくるのである。分析家のこの否定的な空想に際しては、投影ということがここで問題になるのではない。分析家は終始、実際存在している患者の可能性に対しファンタジーを持っているもので、分析家の精神的エネルギーは患者の中の破壊的なものに集中され、そのことによって患者の中の破壊的なものは喚起されるのである。ここではある意味で、患者の破壊的な力のまわりをぐるぐるまわっている能動的想像が問題になってくる。そしてそれは呪いのように患者に働きかける。もう少し魔術めいた形では、同じ現象が非常にしばしば通俗的な心理学書の中で語られている。「この子はどっちみち大した人間にはならず、いずれ刑務所に入ることになるのだ」などと、自分の教え子のことを考えているような教師は、破壊的な影響をその生徒に与えるものであると一般に信じられている、というように。このいわゆる、教師の否定的な信念というものは、ここで言われている破壊的なファンタジーに対応するものである。

患者が悪くなっていくという可能性に、ほとんど強迫的といえるほどにこだわっていく心理学的な原因はさまざまである。結局のところは自分の患者が治ることなど問題ではないという、治療に対して妨害的な、いんちき医者という治療者の影もまた背後に隠れて存在している。このような想像は、基本的には治療者にも向かってくるし、治療上妨害的なものである。なぜなら、治療者は治療が明らかに失敗した時には巻き添えをくわされるからである。患者の具合が悪くなっていく可能性をほとんど強迫的にどうしても見てしまうのは、分析家の破壊的側面に関係することであるが、それに関しては後にさらに詳しく述べなくてはならない。

分析家はそのネガティヴな空想を抱いたまま一人ぼっちでいるというわけではない。その空想は患者によって促進されたり影響されたりしている。このように分析家を見るのはある観点からすれば、確かに正しいことであるが、しかしそれでもなお一面的である。患者は実際本当に存在している可能性を分析家の中に見るのだけれど、分析家の全体像を把握しているというわけではない。患者の想像は何を置いてもまず、分析家の影のまわりを巡ることが多い。患者には分析家というものが、仲間内の話では、哀れな患者を笑いものにしている、金にきたない皮肉屋であるというように見えているものである。あるいはまた患者は分析家を、患者というものには症例としてしか興味を持たない冷酷な科学者であるというように見たりするのである。患者は分析家が（その妻にとっては）無能な夫であり悪い父親であることを見て取ることによって、この否定的な空想のおかげで、患者を救うという分析家の能力は大分割引きされてしまうということになる。ここで再度強調しなくてはならないことは、転移とか投影ということが問題なのではなくて、分析家の中の本当の可能性（能力）が問題なのであり、分析家の影をつきとめることが問題なのだということである。

破壊的な性格を持った、分析家の能動的な空想に出会うこともよくあることである。その空想がいかに危険なものであるかということはなかなか認識しがたいことであり、分析家が患者と関わり合いを持ったとたんに、分析家は患者の何かある未来の可能性について実際空想をもってしまうものである。患者の前に虚心坦懐に立ち、その時の患者のあるがままを見、そしてたぶん生活歴の精神の力動性を理解し、その時点での自分の観点を未来にまでは決して拡大しないなどといったことは、分析家には実際不可能なことである。半ば意識された空想とか夢想はいつでもどこでも、来るべき将来においては患者は治っているだろうかとか、少なくとも変化はするであろうとか見なしてしまうものである。このようにならない時には、患者もまた今述べた意味で、喚起されなくなるのである。そうなると患者は、例えば昔の孤児の養護施設の子供のような境遇におかれることになり、私が前に述べたように、未来に向けての大きなファンタジーはわからなくなる。それゆえこの観点からすれば、分析が発展するように押し進められることはなくなり、患者は十分に発達することができなくなる。

ところで、分析家の見る目がずっと患者のよい可能性のまわりを巡っている時にも、具合の悪いことが起こるのであって、患者の発展は患者のためというよりも、分析家の健康と幸せのためということになる。ここに格好な例がある。ある分析家は大会社の中年の社員である自分の患者を、未来の総支配人であるというように「見る」としよう。これは特殊な場合、事実患者の一つの可能性ではあるわけであるが、会社の中で権力を持った地位を手に入れるこの可能性は、当の患者の精神的発達が一面的に起きた時にのみ実現することとなろう。もし当の患者がこの権力ある地位を得ようと精神を集中させたら、必ずしもその人の治療は望めないことになるかもしれない。しかしこのような発展は、何かのやり方で分析家を助けることになるかもしれない。つまり、分析家が権力を持った地位にいるかつての自分の患者に対して大きな影響を及ぼすことのできる関係を持つことになり、また、分析家に自分には力があると感じさせることとなるのである。もちろんこれは全く簡略化した例であり、私が述べてきたことに対するスケッチ風の解説であるにすぎない。

分析家と被分析者の分析以外の生活

いろんな源泉から生じる分析家の破壊的な欲望は、アナリザントの対人関係に関して、全く独特に鋭くしかも明確に現れてくる。ある意味ではどんな人間関係も、それ以外の関係に対して部分的には敵対的なものなのである。ほとんどの人間関係には、その関係以外の関係は除外してしまいたいという、ある欲求が存在している。このことは分析関係、すなわち、分析家と患者の関係にもあてはまる。ある人間関係が成立すれば、大体それ以外の人間関係を除外したいという欲求が自然に大きくなっていくものであるが、その欲求は分析家の側では、いんちき医者という影によってさらに強められる。この影は患者を自分の意のままになる道具として自分の目的に使うため、患者を完全に自分の支配下に置きたがる。かくして患者が配偶者や友人や知人と持っている関係に対する分析家の見方はしばしば奇異なくらいに否定的なものとなる。患者の人間関係の具合の悪い面ばかりが見られることになり、それがファンタジーの中にとりこまれ加工されることになるのである。ここでもまた、例えば、逆転移ということが問題になるのではない。ここでは分析家がアナリザントに何かを投影することではなくて、彼は自分の精神という探照燈を患者のさまざまな人間関係の喜ばしくない面に向けるだけであり、その関係を自分の空想で包むのである。患者のまわりの人々の方がこのことに非常によく気がつくもので、それゆえ、精神療法は患者を孤立させてしまうし、患者は仲間との付き合いをもはやあんまり大切なこととは考えなくなり、それをおろそかにしてしまうという苦情がしばしば述べられることになる。このような苦情は必ずしもいつも完全に正当なものであるとはいえないのではあるが、しばしば一斑の真実は含んでいるのである。分析関係がくり返し他の対人関係に対して敵対的なものにならないようにするためには、分析家自身非常に努力が必要となる。確かにこれまで、それ自身喜ばしいものであった多くの友情が分析によって破壊されてきたし、結婚相手や両親や子供との関係などが、しばしば患者が不利になるような形でマイナスに変化を受けてきたのである。分析家の心のどこかの隅には、患者に対して唯一無二の支配者として出現したがっている化け物がいるのである。

心のその同じ領域で、ある分析家たちはどんなことをしてでも自分のアナリザントを集団療法から遠ざけておこうとする。分析家が自分のアナリザントに——それは患者であったり駆け出しの分析家であったりいろいろだが——他の精神療法のグループによって自分たちの分析からそらされてしまうかもしれないから、すぐにそのグループを去るように命ずることもよくあることである。もしそれを首尾一貫させようとすれば、分析家は妻や子供なども分析からアナリザントをそらしていくものになるから、捨ててしまうように命じなければならないのかもしれない。

治療者のいんちき医師としての影はあらゆる姿で現れる。この陰うつな現象の一つの形はいわゆる「代理人としての生き方」というものである。病気を治すということを口実にして患者は骨までしゃぶられることになる。このことはなにも経済的な観点や社会的な観点からのみ起きるのではない。いんちき医者という影が患者の生活に寄生しはじめた時、この影はほとんど危険なものといってよいほどにすらなるのである。これは次のようにして起きる。患者は分析家に非常にたくさんのことを話し、自分の生活上のドラマ、悲劇や喜劇において分析家にある役割を演じさせる。しかし、患者が体験したことの多くは、分析家には体験できない。青年は自分の恋愛のことを物語る。また、四十歳の婦人はその子供のことで体験する困難なことや喜びを詳細に報告する。一人の分析家が受け持っている患者たち皆の体験が一まとめにされたとしたら、人間生活全体の、ある恐ろしく豊かで魅力的な部分の俯瞰図が示されることであろう。分析家は自分の患者との仕事にすっかり没頭してしまうかもしれない。そのことはちょっと見たところ結構なことのようにも思われるが、分析家の個人としての生活は患者の問題とか、患者のもっている困難さのうしろに引っ込んでしまうのである。ところが、それは患者がいわば分析家のために生きていかなくてはならないことを意味する。なぜなら、分析家が暖かい生き生きした生活との接触を失ってしまったその空白を埋めるために、患者は生きていかなくてはならないからである。分析家はもはや自分自身の友人はもたなくなり、患者の友人関係や敵対関係が分析家自身のもののごとくになる。分析家自身の性生活もたぶん妨げられ、その時には患者の性問題がその代償となる。分析家は非常に特殊な職業を選んでしまっていて、そこでは非常に一生懸命に働かなくてはならないので、強い力をもった政治的な地位につくことも彼にはできない。それだけまた一層分析家は、自分のところで分析を受けている政治家の権力を巡る戦いに心ひかれていくことにもなるのである。分析家はだんだん自分自身の情熱的な生活を送らないようになっていき、患者の生活や患者の喜びや悲しみという代理のもので満足するようになっていく。これはまず第一に分析家自身にとって非常に危険なことで、分析家の精神的発達は静止してしまう。その上、こんな分析家たちは、自分の個人としての生活の中でも患者や患者のかかえている問題以外は何も話せなくなってしまうのである。分析家たちはもはや愛したり憎んだり、しっかり根づいた生活をしようとしたり、必死に闘ったり、失ったり得たりすることが自分ではできなくなってしまう。その人に特有なものである情緒生活も代用のものになってしまうのである。分析家は患者の生活に寄生したお雇い医者として、一時的ではあれ精神的には一見うまく花開くかもしれないが、しかし実際には、自分自身の生活を失い、あらゆる創造的な独創性をも失ってしまうのである。代理人としての生き方がもたらす利益というのは、これは当然のことながら、分析家は実際もはや悩むことすらいらないということになる。いわば患者が彼のために火中の栗を拾ってくれるのである。

しかしながら、患者の中に生きているこの分析家は患者自身にとっても実際有害なのである。患者自身もまた、ある観点からいえば、独自の生き方ができないということである。患者の生活は分析家との関係の中で進んでいく。患者は何よりもまず、分析家に物語って聞かすことのできることを体験するようになる。例えば恋愛でも、愛するということが問題なのではなくて、どのように愛しているのかを分析家に報告するのが大切になってくるのである。患者の生きることとの実存的な美しさは、もはや彼自身にとってではなく、分析家にとってだけ役に立つようになるのである。生きるということは考えてみれば、芸術作品のようなものとも見なすことができるが、この意味からいえば、患者は自分の描いた絵を見て喜ぶために人生という絵を描いていくのではなく、患者が描くことで分析家が人生を描かないでもよいように、分析家がそういう努力をしないでもよいように、そしてただ患者の作品に感心しておればいいようにするために、患者は人生という絵を描くようになるのである。

代理の生き方から抜け出す手掛かりは非常につかみにくいものである。その上、まだ自分自身の独自の生き生きとした生活を楽しんだり、あるいは苦労したりしている分析家は、自分はもっと本当に患者に興味を持たなくてはいけないのではないかというように思って、しばしばやましささえ感じてしまうということになる。しかし長い目で見れば、実際自分自身の生活を一生懸命生きている分析家にしか、患者が自分の生活を見出す手助けはできない。分析家は自分の持っているものしか患者に与えることはできないと、ユングは言っているが、この観点からすればユングの言っていることは正鵠を得ているのである。

性と分析

分析家の影が性的な領域の中でどのように現れるのかということは部分的にはよく知られている。しかし、ここでなお二、三の特別な面に一層詳しく光をあててみることは、実際骨折りがいのあることである。私はこの本では性の本質に関する長ったらしい論説を記すというつもりは毛頭ない。影と性の問題に立ち入る前に、ほんのスケッチ風に、私たちのテーマにとっては重要な、性に対する見解を一般的に記したいだけである。生物学的にいえば性は生殖と結びついている。それにもかかわらず、生殖と性は二つの異なった現象として理解されなくてはならないもので、最も原始的な生物にもなお生殖と性の区別を観察することができる。そして、最も原始的な生物では生殖は分割であるが、性はそれに反して二個の個体の融合なのである。しかしここで大切なことは、もちろん性の生物学ではなく性の心理学である。人間のほとんどの性的行為は、子供を生むという意図がほとんど全くといっていいほどないままに行われているというのが事実である。それでも、少なくとも女性だけは無意識的には性交のたびに、妊娠することを望んでいるのだ、と言うこともできない。それは独断的な主張なのであって、その主張は心理学的には決して証明されないものなのである。キリスト教教会によって、特にカトリック教会によって、性と生殖は結びついたものでなくてはならないということが、長い間倫理的な決まりになっていたけれども、現代の神学は、性というものは生殖に関連した一つの行為以上の何物かであるというように、だんだんと理解しはじめてきている。神学上の観点がいかなるものであろうとも、心理学的観点からは、人間の性を単に生殖との関係においてのみ考えていくということはできないのである。性というのはむしろ二人の人間の関係の表現である。人間生活のほとんどは、まさしく身体的であり、同時に精神的でもあるという段階で行われているのである。いわば二人の人のどんな関係でも、ある身体的な側面を持っているということなのであって、男と女の関係、母親と子供の関係、父親と子供の関係、子供と母親との関係や、女と女同士の、男と男同士の関係も、またそのように身体的な側面を持っているということである。

母親は自分の子供を、触り、撫で、そして抱擁することを好む。子供はそれに対して、このような身体的な刺激をまさに必要としている。もしこのような、身体的な刺激がなかったとしたら、子供は自分の身体を適切に認識したり大切に思ったりすることは決してないのである。母親は子供の体に喜びを感じるものであるし、そのことによって子供もまた喜びを感じるのである。

しかしまずここでは、直接男と女の関係を前面におし出しそれに注意を向けてみたい。この観点からすると、性は男女間の関係の基礎なのではなくて、男性性と女性性の基本的な関係の身体的な表現にすぎないのであって、それは人間性に深く根ざしている。そうであるから、性というものは「結合の神秘」(Mysterium conjunctionis) の身体的な側面なのである。男と女は結局は子供をつくるようにするためにお互いに引きつけあうのではない。いわば子供というのは、このような関係の副産物なのである。人間の性が子供もつくれるようにするために、この関係を利用するだけである。しかし基本的には、男と女の身体的な関係は、つまり性的な結合というものは、それ自体は男性性と女性性の間の最も強固な結びつき以外の何物でもないのである。

これまで詳しく述べてきたことの中で、すでに何度も、精神療法的な状況では、ある関係が成立していなくては駄目であるということを示してきた。そして、この関係が成立しなくては患者は発達することができない。患者と治療者の間に何も起こらず情緒的にすら何の交流もないとしたら、精神的な発達のプロセスは動き出しようがないのである。精神療法というものはすべて、ある最小限の人間関係を前提としている。この関係が存在している時には、それはただ単に精神的であるばかりではなくて、同時に身体的なものでもあるに違いない。分析家と患者の間の身体的な関係というのは、まさに大きな役割を演じるものなのである。

ところで、しかしながらどんな人間関係というものも、マイナスでもありうるしプラスでもありうるわけだが、——人間関係からある宗教をつくり出したいと願っているような人々はこのことを認めようとはしないのだけれども——どんな関係にも愛と憎しみがある。自分の伴侶の生き方を伸ばしてやりたいと思う一方で、同時に目茶苦茶にしてしまいたいとも思うものである。それは愛が重きを占めるか、憎しみが重きを占めるかによるわけで、さらに言うならエロス（Eros）がより大きいのか、破壊的な意志がより大きいのかで決まることなのである。ここで具合の悪いことには、言葉の使い方の中で、性というもの、つまり男と女の身体的関係はほとんどいつも愛と呼ばれてしまうという事実がここに入りこんでくる。人間同士のあらゆる関係を愛であるというように示したいなどということは、まさしくナンセンスである。性、すなわち二人の人間の身体的な面での関係は、愛としても表せるし、憎しみとしても表すことができるのである。私はここでは明らかに正常な性的関係のことを言っているのであり、サディズムやマゾヒズムのような、変質した性的関係のことを述べているのではない。そのような関係では、この観点からすれば状況は多少なりともはっきりしているのである。だが、憎しみから発しているのに愛であると誤解されているような「正常な」性が、数知れないくらい多くの人間を破壊してきた。そしてそんな「正常な」性は、精神療法においても分析家と患者を手ひどく痛めつけるのである。

性的な願望というものは、女性の患者と男性の分析家の場合には非常にしばしば起きてくるものである。ここでは話を簡単にするために男性の分析家と女性の患者のことを話すが、同じことが女性の分析家と男性の患者の関係にもあてはまることは自明のことである。女性の患者（この章では以下特に女性とことわらない）は、非常にしばしば、分析家に対して性的な願望や空想を持ってしまうものだということは一般によく知られている。分析家の方も、また非常にしばしば、患者に関する性的な空想の糸をつむいでいるという事実は、あまり進んで語られていない。しかも残念なことには、この現象はいつもただ転移と逆転移という観点からのみ理解されている。患者と分析家の性的な空想と願望は、両者の関係の身体的な表現であるという観点からむしろ理解する方が、はるかに大切なことであるように思われる。もしそのような理解がなされたとするなら、同時に人間同士の関係というのは常に二つの面を持っているということを知っておく必要がある。関係の二つの面というのは愛（Eros）と憎しみである。事情に応じて一方が、あるいは他の一方が支配的になるということなのである。

性的な空想に関して言えば、ユング派の分析家たちは、多分他の派の分析家たちよりも冒険的であるかもしれない。ユング派の分析家たちはこのような空想に、すぐに転移現象であるとか逆転移現象であるというふうに立ち向かうのではない。彼らは患者の心を鎮め、もっと性的な空想を進めさせ、そこからこの空想がどのように発展していくのかを見るようにしむけることができる。しかし、このことを行うためには、まずはじめに、治療の場でこのように性的な事柄が活発になってきたことは、分析家と患者の関係のプラスの表現なのかマイナスの表現なのかが、よく理解されていなくてはならない。例えば患者の分析家に対するあこがれは、この男を分析家としては駄目にしてしまいたいという願望にほかならないことだってよくある。この破壊的な欲求は、源がもちろん彼女（患者）の全く特殊な精神状態にある。しかしここでは、なぜに彼女が分析家を破壊してしまいたいと思うのかということには深く立ち入ることはできない。それにはいろんな理由があるからである。ともかく、破壊的な欲求から性的なことが活発になってくると、それによって分析家の側にもまた破壊的な性に関したことがしばしば布置されてしまうということも事実である。性的な願望を呼び起こすことで女の患者を自分に結びつけ、何らかのやり方でその患者をしゃぶりつくそうとするのは、いんちき医者の極めて古くから使う手の一つである。精神療法家もこの特殊な影の術中にたやすく陥ってしまうのである。この影はしばしばもっと不気味なものによっても支えられている。それは自分自身を破壊してしまいたいという欲求で、この自分自身を破壊してしまいたいという欲求については、すでに一度述べてはいるのだが、この本の末尾で今一度立ち戻ることになろう。もし性の問題が出現し、それが破壊的な力の表現であるとしたら、分析家は自分自身と患者のこの性の問題に、極めて真面目に心理学的に専心しなくてはならないはずである。この性の問題を経験してきて、少なからぬ分析家が自分自身や患者を損なってきたのであり、この破壊的な性の問題はほとんど強迫的とも言えるほど、実際に経験することを迫ってくるのであり、その結果ますます破壊的になるのである。

性的な欲求が患者や分析家に現れることが、何よりもまず身体的な面でのプラスの表現である時には、状況はかなり違ったものになる。その時には事態ははるかに危険性の少ないものになるので、基本的には誰も相手を駄目にしてやろうとは思わなくなり、性的な空想は治療の上でもプラスに作用するに違いない、実り豊かな関係の表現にほかならないものになる。空想というのはそのまま、さらに発展していってもよいものだということになる。なぜかというと、実際に経験したいという衝動はそれほど強くならないからである。

性的な空想を実際に経験してしまうということはいかなることなのであろうか。どんな場合であっても分析家と患者との間の性的な問題は、決して実際に経験してしまう（性的関係を持つ）ということがあってはならないというのが分析にとっての鉄則であると見なされていて、当の人たち（分析家と患者）の家庭生活がどんなものであるのか、結婚しているか、独身であるかなどということに全く関係がない。しかし、もちろんそのような鉄則であっても基本的な正しさについてはくりかえし再吟味されなくてはならない。次のようなことはいたるところで患者により、いやそれどころか分析家自身によっても議論されるのである。つまり、治療においては人間関係は確かに重要な役割を演ずるものであるから、その人間関係は性的に実際体験されてはじめて、完全に治療的になりうる、ということも理論的には起こりうるはずであると。しかしこれは私には誤った考えのように思われるのである。分析の目的というのは分析家と被分析者との関係にあるのではない。分析の目的というのは、それよりも患者が治ることであり、患者が精神的に新しい方向へと向かうことなのである。もし、この関係が性的な観点から実際に経験されてしまうと、その関係は治癒の過程がその上で進んでいく受け皿にはなれず、それ自体が目的になってしまうのである。そのことによって治療は駄目になってしまうのである。このことは分析家には意識的にも半ば無意識的にもよく知られていることであり、ほとんどの患者にとってもまた、完全に明白なことなのである。そこで次のような法則が立てられそうである。患者や分析家の中の何物かが、性的な関係を実際に経験してしまおうとすればするほど、そこでは破壊的な性にまつわることがおそらく問題になってくるように思われる。性的な問題というのは治療に関しては破壊的なものであり、そして全く一般的に言っても、ある破壊的な関係の表現でもあるということは、確実である。ついには治療者を、治療者としては駄目にしてしまおうという試みがなされることになる。ところが治療者というのは、患者にとっては、男性の中でも重要な人なのであり、彼女は「私はあなたが好きなんです」

と訴えるのである。だから性的なことを実際に行うということと治療的な状況というのは、決して手に手を取って進んでいくといったふうな関係にはないのである。

性的な関係を実際に経験するということには、ゆるがすことのできない「ノー」があるわけだから、男女のお互いの間の性的な感情の出現に対する態度は、もっとはっきりと発達し分化したものでなくてはならないのである。性的な問題が本当は何を表現しているのかということが、くり返しくり返し問われなくてはならない。分析家は患者と自分自身の性的空想をくり返しくり返し、極めて注意深く調べていかなくてはならない。患者の性的空想のみを注意深く理解するように努め、自分自身の性的な空想は抑圧しようと努めるならば、それはあまり意味がないことになってしまう。なぜなら分析家自身の空想の中に、部分的ではあれ精神状態の本来の性質が反映しているからである。例えば、同僚に自分の治療をコントロール（訳者注—ケースを定期的に指導してみてもらうこと）してもらっていた心理学者はその患者に次のような空想をくり返して抱いたのである。「私は患者と性的に関係してしまう。」そして次の日、患者はヒステリー性の叫声発作のために神経科の医者のところに送られねばならなくなる。そこに着くや否や、彼女は分析家との間にあったことを大きく叫んで公にしてしまった」というのである。分析家と患者との性的な感情の背後には、何かある破壊的な要素が作用していたのではないかということが、この空想から、少なくとも可能性としては疑われる。

自分が患者から感染させられるのではないかという大きな恐れを抱いている医者がいることも否めない。本当の医者というのは、これは自明のことだが、自分自身の安全のことはごくわずかしか考慮にいれないし、もし患者の健康のためになるとなれば、時には自分の健康を損なうことすらあるのである。いんちき医者の場合は全く違う。いんちき医者にとっては、患者の健康とか、患者が治ることとかが大事なのではなく、自分自身が大切なのであり、彼はいつも決して危険に身をさらさないように周到に綿密に努力するのである。この意味で、特にユング派の精神療法家では、いんちき医者という影は非常に独特な形で現れてくる。フロイトの性に関する発見を放棄しなかったばかりではなく、それをより深めたというのはC・G・ユングの数多い業績の一つである。ユング派の心理学者は、性を究極的には再度何か性的ではないものの象徴として、つまり相反するものの結合の象徴（Symbol der Conjunctio oppositorum）として理解するのである。ある尼僧のイエス・キリストにあてた愛の手紙は、必ずしも野蛮な性的欲求の昇華なのではなくて、まさに逆なのである。すなわち、性の一番原始的な形ですら、ある観点からすれば、これまで人間を苦しめたり、喜ばせたりしてきた対立を統一するということの生きられた象徴なのである。この意味で分析において、精神的な愛としても性的にもお互いに引きつけ合うという現象は、究極的には対立しているものの統合の象徴、すなわち生きられた結合の神秘（Mysterium conjunctionis）であるというように理解することができる。分析家と患者との強い引きつけ合いのもつ、この超越的な一面を、両者は分析の中でなんとかして把握し経験しなくてはならない。あらゆる現象の中でもこの超越的な面は特に、いんちき医者としての分析家に歪んだ形で利用されることがありうる。性的なことが布置している所では非常に多くの危険が存在しているということは、どんな分析家にとってもかなり明らかなことである。つまり、性に関する破壊的な傾向というのは、その作用の上では、まるで伝染病みたいなものである。ユング的な方向を持った分析家で、自分の健康と幸せのことしか考えない人が、性の問題の危険をどのように避けるかというと、それは何かある性的な感情に出会う時、彼はすぐにこの超越的な面を指摘するというようにするのである。この分析家は自分の空想にも自分の患者の空想にも注意深く向きなおるということをしない。彼はすぐに性的な現象の象徴論の中に逃げこんでしまう。そのようにすれば、出現してきた危険な性の問題に対して、ある種の免疫が与えられてしまうからである。しかし、そのことによって分析家は患者とうまく関係を結ぶことができなくなり、自分自身や患者の中に時に現れてくる破壊的な傾向についての手掛かりを手に入れるという可能性を失ってしまうのである。分析家はよいことを目論んでいるにもかかわらず、患者の体験の意味を無価値なものにしてしまい、時には自分の体験の意味をも無価値なものにしてしまう。たとえ性が究極的にはある象徴であったとしても、その象徴は実際体験されてはじめて本当に生きたものになる。それゆえ、性の象徴的な超越的な意味があまりにも強調される時には、その意味がもはや正しく体験されなくなってしまうという危険が存在するのである。心理学的、哲学的な公式というものは、体験とそれを体験する人間との間で打ち立てられるものなのである。象徴の時期早尚な強調は、自分の言っていることが真面目に受け取ってもらえていないという感じを患者にもたせることになり、そう感じた時、患者は性的な空想や願望に苦しめられたり惑わされたりするのである。ここでは分析家は、この現象の背後にひそむ深い象徴性をもって自分の経験を豊富にする前に、まずその現象を理解し、そしてある意味でともに体験していくことができなくてはならない。

同性愛に対する有害な不安

分析の中での同性愛的な引きつけ合いは、異性の間の場合よりも治療関係をより一層錯綜したものにする。そのことに、より詳細に立ち入る前に、まず同性愛に対する手短なコメントをつけ加えておかなくてはならない。多くの心理学者たちは、子供というのは性的にはいろいろな形をとりうる倒錯的な（polymorph-pervers）存在であり、それゆえ異性愛的でもあり、同性愛的でもあると考えている。子供同士の性的な遊びは、もちろん同性の相手とでも異性の相手とでも行われる。大きくなるにつれてだんだんと異性愛の要素が主になってきて、同性愛的な要素は背後に退き、傍らにおしやられ、そして抑圧されるのである。多くの人の場合同性愛的な面は心の表面に非常に近いところにあって、ある状態では一過的に現れることもありうる。多くの心理学者たちは、同性愛というものは何らかの形で昇華させてしまわなくてはならないほど、心の表層に近いところに存在しているのであると信じていた。それでこの昇華された同性愛は、よく青少年の指導者や教師や孤児の養護施設の先生や軍隊の士官たち等の中に見出されるといわれている。同性愛は青少年や生徒たちに関心を持つことで昇華されるというわけである。ソクラテスはプラトンの対話編の中でちょっと違った立場をとっている。彼にとっては同性愛というものは生殖の欲求とは結びついておらず、それゆえ、より純粋で人間にとって価値のある、本来はより高等な愛の形なのである。

この本のはじめに、あらゆる関係は少なくとも一定の年齢に達するまでは、それ自身の中に、ある身体的な面を持っていると述べた。一組の二人の人間は、それが同性同士であろうと異性同士であろうと、それにはかかわりなく、お互いに何かあるものを身体的に感じ合うものである。ほとんどの関係では、身体というものがいつも何かの形で関与しているものである。人間関係のこの身体的な感情は、それがただかすかに存在していても、同性同士の間に存在している時には、部分的には潜在的な同性愛と呼ばれる。それゆえその感情は病的であるとされ、あってはならないものであると説明させるのである。おそらく同性愛というのは通常言われているのとは違ったように定義されるべきであろう。同性愛の人というのは人間の対極（女性―男性）との結合に対するあこがれや欲求を拒否し、そのようなことがそもそもできない人である。なぜなら何かある精神力動的な理由から、他の人、彼に相対する人、つまり異性は彼を脅かすのであり、彼自身も自分が他の人と相対するのに十分成長しているとは思われない。それで、同性愛の人は当然異性へと向かうはずのすべてを、同性に対する身体感情――それ自体は正常なものだが――へと方向づけるのである。それゆえ同性愛の人というのはほとんどの場合、異性愛を抑圧している。異性愛という精神的エネルギーの一部は、今やそれ自身で確立してしまっている同性愛に向かって流れこんでいくのである。

昇華された同性愛とか潜在的な同性愛について話している時に、私たちはよくその状態を誤解してしまうものである。その時には私がすでに述べたような意味での同性愛が問題になるのではなく、非常にしばしば、単に非常に強い、全く一般的な愛（Eros）が存在していることが問題になるのである。

もう少し具体的に話を進めてみたい。お互いに好き合っている二人の男や、親しい二人の女は、身体的に退けあうということはしない。その人の身体的な面が吐き気を催すほどいやでたまらない人には、誰も友情を持つことなどできるものではない。友情が持てるためには、その人と共に食事をし、その人と散歩をし、その人の息遣いを聞くのを喜びとするようでなければならない。他の人の身体に吐き気を感じないだけでなく、相手の側にいると身体的に気分よく感じられなくてはならないのであり、その人が身体的に自分の傍らにいる間、何かある心地よい感情を体験していなくてはいけないのである。自分の友人の身体的な面というのは快いものである。たぶんソクラテスが述べているのは、結局このエロス的な感情なのであろう。ソクラテスが再三強調していることは、自分は同性愛的な行為を行おうとしているのではなくて、ただこの種のエロス的な感情を感受しようとしているだけなのである、ということである。

ある歴史的な理由から――その理由を呈示するには、あまりにもたくさん述べなくてはならないことになるだろうから、ここでは省くが――今日ほとんどの文化圏では、同性間の関係の身体的な側面は厳重に禁じられており、子供のころから排除されており、好ましくないものと言われている。特にヨーロッパの北方の民族では、同性の間の関係の身体的な側面を極端なまでに排除してきた。南ヨーロッパの人々の間では、男たちが抱き合ったり身体を触れ合ったりすることも普通にありうることであり、浪漫的な時代には男の友人たちが手に手をとって散策することもあった。私たちスイス人のいわゆる正常な男たちの間では、ただ酒を飲んで酔っぱらっている時にだけ、お互いのからだに触れ合ったりすることが起こりうるだけである。

分析は人間関係を治療のために利用する。しかしながら強固な人間関係は二人の男性あるいは女性同士の間の身体感情をも布置させるものである。分析家（男）とアナリザント（男）はある観点からすれば身体的に一緒にいなくてはならないものだし、同じ動きを感じなければならないのである。この事実に立ち向かえるのは極めてわずかの分析家だけである。身体的な動きが感じられるや否や、たとえそれが空想や夢でのことであるにせよ、潜在的な同性愛が問題にあるのであり、それは分析家にとっては苦痛なものになる。エロスの身体的な側面は排除され破壊される。フロイト派の心理学を学んだ人だったら、もちろん潜在的であるとか、あるいは昇華されたものとしてではあっても、少なくとも同性愛のことを述べるであろう。そして、それだからこそ実際、エロスのこの面は病的なものとされるわけだが、現象としては彼らフロイト派の人々は、真面目に受け取っているのである。同性愛的な転移は確かに、いまわしいものではないとは言われるのだが、それでもやはり昇華されるべき何かであると、見なされるのである。

それに対して多くのユング派の分析家たちは、隠された性の表現とか多少なりとも露わな性の表現には決して立ち入らないようにしたり、あるいはこれをまたもや、より高い次元ですぐに理解しようとすることで、エロスによってもたらされるこの混乱から、反対に遠ざかろうとするのである。そこでそれにひき続いて、患者の精神的でありかつ男性的であることに対する関係のことや、男性独特の創造性に対する関係のことなどが話されることになる。ある同性愛的な夢はすぐに、男としての独自性を探し求めたり、理解しようとしたりすることを意味するということにされてしまうのである。

異性同士の性愛の場合と同じように、ここでもまた分析家は性的な現象から遠ざかっていようとする。分析家は性的な現象が危険であることを感じ、ありとあらゆる理論でもって自分の身を守り、そして安全なところに逃げこんでいくのである。ここに一つの例がある。ある患者は夢の中で分析家を撫でさすり、かき抱いた。分析家にとってはこの夢はいまわしく苦痛に満ちたものである。客観的な次元では、分析家はこの夢を潜在的な同性愛の表現であると解釈し、主観的な次元では患者自身の、治療的に働く内的要因であるというように解釈した（つまりそこでは分析家というのは治療的な要因だというわけである）。実際にはこの夢では、真の意味で身体的にも精神的にも、性的に分析家に近づいていきたいという患者の願望が表現されているだけなのであり、分析家は、優しさを患者に与えるようにと要求されているのである。分析家を守るためだけに役立つ解釈によって、この欲求を拒否することは少しも患者のためにはならない。関係の身体的な側面がアナリザントやあるいはまた分析家によっても拒絶されると、深刻な結果が起きてくる。患者は分析家に対する空想の中にのめりこみ、分析家の生徒でありつづけ、分析家から離れることができなくなってしまうかもしれない。なぜなら、性的な感情の一部はいわば暗やみの中に押しこめられることになるからである。あるいはまた、分析家と患者の関係は憎しみと拒絶の関係へと変化するかもしれない。分析はたぶん中断することになるであろうし、あるいは大層苦労して、終結させなくてはならないことになるかもしれない。そして二人の関係は、お互いに相手に対して妄想的な中傷を行うという特徴を有することになるのである。フロイト的な意味においては、二人とも自分のいわゆる同性愛を抑圧したのであり、その同性愛によって脅かされていると感じている。この意味で彼ら二人はお互いに相手に迫害されていると感じるのである。

もしこのような身体的な感情が布置した時には、危険に対しても自ら身をさらしていこうとする生真面目な分析家は、この身体的な感情を決して退け排斥することなく、むしろそれにつき従い、自分自身や患者が空想を続けられるようにするしかない。少なくとも分析家は患者の空想を受け入れなくてはならないし、その空想が病的であるということで退けてはいけないし、その空想の究極的な象徴的な意味を示唆することによってそれを回避してはならないのである。

精神療法というのは結局は、ある性愛的（エロス的）な行為なのである。分析家のいんちき医者という影は、この性的な要求から遠ざかっていようと努めるのである。そして、その影はせいぜいのところで、自分自身に対しては性的に関わっていくかもしれないが、患者に性的に関わっていくようなことはしないのである。

おもねり、へつらうものとしての分析家

分析に際して、誰にとっても大切な人間関係から分析家を引き離そうとせきたてるいんちき医者という影は、しばしばまた全く違った予想もできないような仕方で現れてくることがある。分析家は自分の患者たちに、非常にしばしば手厳しいことを言わなくてはならないものであり、分析家は自分の患者に、心理学的なメカニズムとか背景を気づかせる義務がある。それは分析家にとってもそうだが、ことに患者にとっては苦痛なものでありうる。分析家と患者の双方は、厳しくはあるが誠実に発言されたことを、結局は耐え忍んでいくことができるのであるが、さて、ここに二つの危険が迫ってきている。分析家は患者を苦しめ、患者に分析家が持っている力を示すために、このように厳しい発言をせねばならないような機会を利用することもできる。もし、このようなことが起きた場合には、もちろん分析家はかなり早くこのことに気づくことができるが、分析家は罪の意識を感じ、自分自身を真面目に調べることによって、一体何が起きているのかを見つめるのである。はるかに危険なのはもう一つのことの方である。すなわち、分析家にとってはっきりしている患者に関する不愉快な事実を、分析家は患者には甘く響く言葉へと変化させて言ってしまうということ

である。その時には、そのようにすることが本当に患者たちのためになっているように見えるものであるし、患者と分析家双方とも、それに満足するものである。患者の自己評価が上がるので、その時には患者の心理学的な発達は促進されさえするかもしれないが、そのようにして分析家は患者を自分に強く結びつけていくのである。なぜなら分析家は、はじめ見た時にはおそらくそれほど価値があるようには見えなかったものを、一見非常に価値あるもののように見せてくれるからである。次に二つ三つの例を挙げてみよう。極めて支配欲の強い婦人には「女王の元型」のことが説明されるし、人を支配したがる女としての性質は「女王としての本性」の表現であるというように理解されるのである。人間関係を結ぶ勇気がないことや愛を恐れることやあるいは全く人を愛することができないというようなことは、興味深い内向性であると理解される。患者は、例えば内省ということをしない利己主義者ではなくなって、高貴な内向的性格の持ち主ということになるし、年老いた母親に対して、利己的に振る舞い憐れみの情をかけないことは、母親の持つ力への欲求からの解放であるとか、母親のアニムスからの解放であるというように理解されるのである。父親との間にある緊張した関係を解決しようとはしないで、もっぱら「年老いた王を殺すこと」とか「元型的な父親を殺すということの必然性」について語られるということにもなる。そのような時には注意深い分析によって、非常にしばしば患者の恐ろしい両親は、親しみやすい老人になっていけるのだという点にはふれないでしまうことになる。大体両親のもつ恐ろしさなどというものは、患者が強くなっていけば消滅してしまう性質のものである。金持ちの父親にねだってスポーツカーを手に入れた十九歳の不良少年は、年老いた男に対してエネルギッシュに対抗したと言って褒めてもらい、スポーツカーは少年の持っている男性性のプラス の象徴なのだと理解されるのである。

いついかなる時にも、このようにおもねることをしないということは、分析家にとって非常に困難なことである。なるほど最終的には、患者が価値ある人間であることを示してやるのは分析家の正しい目当てではある。分析家はあらゆる神経症的な障害の背後に隠れていて患者に働きかけている心《サイケ》の、魅力的で興味深い側面に患者が気がつくようにしてやらなくてはならない。そのようにしてやることは、ひるがえって患者に、自分の人生や運命は他の人たちの人生や運命と同様に価値があり、面白いものなのだという正当な感じを与えてやることができるようになるに違いないのである。おもねりへつらって、ある大きな価値を暗示するということと、真面目にある大きな価値を暗示することとの間の相違は、単に言葉の上だけのことなのであって、その価値なるものは患者の心の中に存在しているだけなのであり、しばしば些細なものでしかない。ここではどのように言い表すかという言葉のニュアンスが問題なのだが、まさにそのニュアンスこそが非常に重要なのである。おもねりへつらうことが支配的であると、患者は自分の病的な特質をあげつらいはじめるような神経症者になるのであり、このようになることは、患者の周囲の人々にとっても、また長い目で見れば患者自身にとっても非常に迷惑で有害なものである。真面目な態度に基づいた心理学的な発達は、はなはだしく損なわれることになる。分析家が患者におもねりだすと、普通、患者は分析家を助けてくれなくなるのである。それどころか全く反対のことが起きてくる。このような状況では、あるいは直接的にあるいは間接的に、患者も分析家におもねりへつらいはじめるのである。ここでは転移とか逆転移という現象が問題になっているのではないということを強調しておかなくてはならない。それは単に次のようなことであるにすぎない。アナリザントも分析家も、お互いにおもねりへつらうことによってなだめられてしまい、一見するとうまく協力しあっているようになり、双方とも自己評価を高めることになるのではあるが、しかし実際には分析という真面目な仕事が、いんちき医者の遊びへと変化してしまうことになり、精神の発達という深い価値から、両者ともども見捨てられることとなるのである。

意味を追求することの濫用

C・G・ユング流の分析では、自己という概念はある決定的な役割を演じているが、自己というのは自我と対極的なものである。自我にとっては、この世にあるものとしての人間を維持していくこととか、社会的なあるいは家庭的な地位とか、身体的な健康とか精神的な有能さをもつとかいうようなことが重要なことになっている。それに反して、自己というものは、人間の中でしばしば「聖なる火花」として描かれるものである。むしろ人間の精神の永遠の価値というようなものに関わりがあるのだと、何かしら荘重な言い方で言い表されたりするのである。自己にとっては特に、社会的な地位とか仕事や家庭での成功とか長生きをすることなどが問題なのではなくて、キリスト教で言う「我らが内なるキリスト」と呼ばれているものが肝要になるのである。キリスト教の言葉では、自我はしばしば「この世界」として言い表され、一方自己は「魂」と言い表されている。

自己と自我の違いは特別な意味を持っていて、この違いが何らかの仕方で体験されなければ、どんな分析も効果をあげた上で終結することはありえない。しかしここでまた、いんちき医者という影にとってはおあつらえ向きのものが存在するのである。ありきたりの道徳とか礼儀とか上品さとか忠誠心とかいった考えや、夫婦の間の信頼などというのは、自我の数多くの産物の中のごく一部なのである。一般的な道徳というものは、部分的には宗教的な意味で、好ましい対人関係の表現なのであるが、また一部は何かある仕方で、人間の共同生活をある程度調整し、可能なものにしていこうとする試みでもあるわけである。一般的な道徳的な方向というのは、共同生活のためにという方向へ向けられるのが不可避であるわけだが、それは異なった文化の中では異なった方向を持つことにもなる。全く特殊な状況のために、現在通用している道徳上の決まりに対応しているのとは全く違って取り扱われなくてはならないという症例も、しばしば存在しているのである。より高い見地からすると、不道徳なことが一度は行われていなくてはならないこともありうる。一般的に人を拘束している道徳を、このようにして破るというのは、他愛のない窮余の嘘から、人を殺すということにまでわたっているが、個々の人間は、一般的な道徳律に従っていては解決することができず、時と場合によっては一般的な道徳律に反するような態度をとらざるをえない決断の前にくり返し立たされるのである。そして、このことは重大な葛藤に至る場合がある。

どんな分析家にもこのことはよく知られていることで、自己は時にはいろいろな要求を自我に対してなすものである。さて、このことによって、患者の単に全く不道徳で無慈悲で攻撃的な行動が、分析家の手を借りて、自己という名のもとで是認されることもよくあることである。例えば、姦通ということも、はじめのうちは結婚相手に対する手ひどい侮辱と攻撃であるというふうには見られないで、普遍的な形式の自己という名称や自己実現という旗印のもとで、それは解放であると見なされるのである。友人や知人や使用人や上司に対する不正で不誠実な振る舞いとか、道徳とか宗教を拒絶することは、一般性から大胆に解放されたものとして祝福されたり、あるいはそれは精神的なとらわれのなさであるとして祝福されさえするのである。そのようにして分析家は患者の道徳的な葛藤に際して、一時的に気分が軽くなるように手助けしてやることがある。姦通をした人とか、友人に忠実でない人はもう罪の意識を感じなくてすむようになる。道徳的な葛藤から、欺瞞的で簡単なやり方で一瞬にして逃れることができたというので患者は喜ぶのだが、長い目で見ると、これは患者のためにはならない。なぜなら、彼の安心は真実を犠牲にして生じているからである。

分析家は分析家で、「治癒」に至る簡単で手っ取り早い方法を発見できたことを喜ぶのである。本当の治癒に至る、長い苦しい道をたどらないでおくことを、影なるいんちき医者は分析家に強要する。いんちき医者にとってはこの場合、患者が治るということが問題なのではなくて、自分自身が偉大な治療者であると思われることの方が肝要なのである。

分析のはじめには、分析家とアナリザントがどれほどしばしば、一時的にせよ魔法使いとその弟子のイメージにとらえられてしまうかということが、先に記述されたが、このようなことが布置されることは、たぶん部分的には、はじめのうちは必要なものですらあるだろうし、いろいろな所では大した困難もなしに解消していくことができるのかもしれない。しかしながら、魔法使いは分析を進めていく間に、もっと違ったはるかに危険な形で現れてくることがある。この場合、魔法使いは私が前の章で偽りの預言者と呼んだものと関係している。偽りの預言者と魔法使いという影の中にとらわれている分析家は、患者が自分の宗教的な欲求を先験的に知っているものなのだ、というまやかしを言って満足するということをしはじめる。分析家というのはあらゆることの中に、人に示してやることができる意味を見出すものである。例えば、ユング派の分析家はこのような場合には総じて、無意識の作用とか、無意識が事態を支配していることなどを患者に告げてやることができる。どのような夢でも出来事でも結果でも、どのような病気でも苦しみでも不幸でも、どのような宝クジの当たりでも、無意識から見れば意味を持っているのであると理解される。それで一般的に、分析家は小さな神のようになり、あらゆる出来事を何かあるものに帰していくことができるようになる。それゆえ、神々、つまりは無意識を支配している運命の女神の不吉な手は、もはや認められなくなってしまい、いまだに理解されない不吉な出来事というような悲劇は、もはや存在しなくなるのである。そのような分析家の手にかかると、人々は無意識との接触を失ってしまうか、あるいは自分自身を十分に知ることがないから、不幸せの中に突進していくだけになる。そして最後には分析家は、この世で演じられている劇の書き割りの裏まで見せてしまうに至るのである。

ここでは分析家がどんな学派に属しているかということは、何ら重要なことではない。どんな分析家も自分の学説から、自分があらゆることを見通しているのであると、自分自身や患者に示してみせることはできる。分析家は魔法使いのように、芸術家のように、あるいは預言者のように、世の中で起きているすべてのあらゆるものを、基本的な力に還元していくことができる。その基本的な力というものによって、精神的な出来事はすべて導かれていると分析家は信じているのである、このやり方は、患者には一時的な安心を与えるものであり、分析家には、彼があらゆることを知っている魔術師でもあるかのような快い感情を与えてくれるのである。

分析家のいんちき医者という影は、その他にもいろんな形で現れてくる。これを記述するだけで何巻もの本ができることだろう。私はここで、その影が具体的にはどのようにして現れてくるのかを二つ三つの例で示しただけである。分析家のいんちき医者という影が、いつもどのようにして、患者の持つある破壊的な傾向と関連をもって――あるいはそれは、たまたま同時に起きるだけなのかもしれないが――現れてくるのかを見ることはさらに重要なことである。この二つの現象は、お互いに刺激しあうのであり、促進しあうのであり、補いあうのである。それゆえ、私たちが自分の影に対してくり返しくり返し意識的になっていなければ、患者の治療に対して破壊的に働く、反抗的な影の手掛かりを得ることはできない。ここで、「精神療法家――いんちき医者、偽りの預言者」の章で指摘した、分析家は患者に対して誠実でなくてはならないということが、さらにわかりやすくなったわけである。私たちが自分の影の手に落ちている時には、もし患者がそのことを耐え忍んだとしても、私たちはそのことを患者たちに何らかの形で告白しなくてもよいのかどうかを、くり返しくり返し考えなくてはならない。つまり原則として、私たちは自分が影の手には落ちないものなのだというふりを、患者に対してしてはいけないということなのである。必ず常に、というわけでなくとも、基本的にはいつでも、私たちはこの観点から自分が犯した過ちを承認しなくてはいけない。患者が示す破壊的な抵抗の現象は、私たちの影のもつ問題性と関係しているのであって、一方は他方なくして、実際把握することもできないものである。だから私たちは、次のようにいうことにやぶさかであってはならない。「今私たちは危険なものの餌食になってしまっているのです。私はあなたにおもねりへつらうとしているのですし、あなたはご自分の神経症的なコンプレックスを賛嘆したり、ご自分を神経症の患者として、私にとり興味のあるものにしようとなさっているのです」と。分析家の影は患者の中に、何か影に類するものを布置するのである。私たちが誠実であれば、それは患者が影の現象と対決するのを手助けする。そして私たち二人（分析家と患者）は、お互いそれぞれの領域で仕事をしなければならないのである。

　私は精神療法家のもつ問題性に深く立ち入りすぎてしまったようだ。「ソーシャルワークと審問」の章で、私はソーシャルワーカーの持っている困難さについて記述したが、このソーシャルワークと精神療法という二つの職業の暗い側面をもう少しよく理解するためには、この助力することをその使命としている職業に従事している人を、心の底から動かしているのは結局何であるのかということに、もう一度より詳しく立ち入ってみることがたぶん必要であろう。精神療法家はなぜ精神的に困っている人を助けようとするのであろうか。何が精神科医をして精神病者に関わっていくようにしむけるのであろうか。なぜソーシャルワーカーは社会的に失敗してしまった人に心を砕くのであろうか。苦しんでいる人や病気の人や不幸な人や社会からの脱落者を助けてあげたいと、ある種の人たちに思わせているのは一体何であろうか。このことを理解するためには、まず医者が置かれている状況に立ち入ってみなくてはならない。医者というのは確かに、助力者や治療者の元型なのである。医者の影の側面や心理学的な基本的な状態から、たぶん私たちの見方を深めるのに役立つような理解の仕方を見つけ出すことができることであろう。助力者とか治療者の基本的な雛型というものは、それが精神科医であっても、精神療法家であっても分析家であっても、あるいはまたソーシャルワーカーであっても、結局は古典的な医者のイメージに由来しているというように考えることができる。ソーシャルワーカーが純粋に福祉司であったり慈善家にすぎない時には、彼の活動は医者の示している基本的な雛型とは、もちろんさほど関係はなくなってしまうだろう。しかし、現代のソーシャルワークは医者の仕事に近いものに変わってきているし、今日のソーシャルワーカーたちはほどこしものを与えようとはしない。彼は助力を与えようとし、社会的な環境をよくしようとするのである。現代のソーシャルワーカーたちは実際――ほとんど熱心すぎるくらいだとすら、私は言いたくなるのだが――精神療法によって社会の脱落者を助けることができるのだと思ってしまうほど、精神療法ということから刺激を受けているのである。現代の「ケースワーク」は時には簡単な精神療法のように見えることがある。

それゆえ、次の章では、ある別の影の側面から出発して、医者のもつ基本的な問題と対決してみることにしよう。私たちが今まで語ってきたいんちき医者という影は、あるいはあまりにも狭い概念であるのかもしれない。医者はいんちき医者が及ぼす以外の危険にも脅かされている。医者の影の側面は、今まで述べてきたこと以外にも、その他の心理学的な問題からもエネルギーの供給を受けているかもしれない。医者という職業の心理学的な状態というものは非常に多層的なものなのである。

力をもった医者と子供のような患者

社会福祉における力の問題については、この本のはじめの方で熱心に取り組んだのである。社会福祉という仕事の中で見られる力への志向という暗い側面は、この職業に従事している人みなの目を引くものである。医療関係の職業においてもこの力の問題は全く同じように執拗な事柄である。この百年間に医学は大変な進歩をしてきた。人を助けたり、病気を治したり、苦痛を和らげたり、病気を予防したりする医学の能力は非常に増大してきており、例えばペストのような多くの感染症は事実上根絶されている。世界的な流行病としての、あるいは地方的な伝染病としての天然痘はワクチンの使用によって、ほとんど地上から姿を消している。結核も部分的にはよくコントロールされている。外科的な技術の進歩によって、極めて特殊な救命的な手術や延命的な手術も可能になってきたのである。切断された手はつなぎ合わされ、心臓はとりかえられる。かつては数えきれないくらい、若い女たちの命を奪っていた危険な産褥熱は、今日では非常にまれになっている。

少なくともファンタジーの中では、医学の限界はまだまだ遠くにあると思われている。遺伝子を操作し、遺伝に介入することもいつかは可能になるかもしれない。一五〇年前までは医学というのは実際頼りないものであった。今日では医学のおかげで寿命は二倍にもなっている。現代の医療機器や手段は、現代の医学者が、プラスの意味でもマイナスの意味でも、ある非常に大きな力をほしいままにできると思いこんでしまうようなものになっている。力の問題は今日の医学においては非常に大きなものであると見えることであろう。しかし、以前はこうではなかった。それは医学には非常に限られた能力しかなかったからなのである。以前の医学には実際には力の問題というものはなかったであろう。古代の医者は、私たちが民族学者の記述からも知るように魔術師であった。これらの記述では、魔術師たちは力を持った人たちとして賛嘆されていたということがはっきりと示されている。彼らは自分の力を行使もしたし、自分の力を守るためには、可能なかぎりのあらゆる手段を用いることに、決して尻ごみすることはなかったのである。もちろん、そこに次のような異議がさしはさまれることがあるかもしれない。つまり、魔術師が持つ力とか彼が持つ権勢欲というのは、魔術師が単に医者であるというだけではなくて、より高次の力と結びついた聖職者でもあったという事実と関係があるのだというように。神々と接触することができると考えられていた人々が、その力を悪用しがちであったことは、歴史に興味を持つ人なら誰でも知っている。

初期のギリシアの医者たちもまた聖職者でもあった。もちろん彼らは、癒しの神であるエスクラピウスに仕える祭司だった。そして時代が下るとともに、エスクラピウスはただの医者の守り神になっていったのである。中世のアラビアとユダヤの医者たちは、聖職から離れた道を通って発達したのであり、実際にもすでに、近代的な意味での医者であった。中世のヨーロッパの医者は錬金術の影響下にあったので、ここでは医学は再度超自然的なものと結びついていた。ルネサンス期の医者たちは、また再び純粋な医者として働き、祭司としてよりはむしろ自然科学者として仕事を行ったのである。そして、また現代の医者は聖職者の特徴を完全に失ってしまっているように見える。

しかしながらギリシアの医者も、エスクラピウス学派の人も、アラビアの医者も、中世やルネサンス期の医者も、十八世紀の医者もみな尊敬を受けていたばかりか、部分的には恐れられてもいたのであり、力を持った人たちと見なされ、悪魔の代理人とすら思われていたのである。医者が取ることのできる手段が非常に限られ、職業としては聖職からすでに遠く隔たってしまっていた時代でも、それにもかかわらず医者は、現代の医者とほとんど変わらないくらい尊敬されていたし、恐れられてもいたのだということを、私たちは確認することができる。彼らはあたかも現代の医者と同じくらいの力（能力）を持っていたかのように見える。それゆえ、医者のもつ力というもの、医学の力というものは、科学的な知識に基礎を置いた力などよりは、はるかに強く心理学的な力と関係する力なのではないかということが問題にされなくてはならない。

それゆえ、この問題には心理学的な側面から近づいていきたい。健康な人間は人の世話にならずに、品位を保って礼儀正しく生きていくことができるし、健康な肉体は、その人の生活環境も順調な時には、自由に独立して自分の業務にいそしむことができるように支えてくれるものである。健康な人が病気になるとすべては変わってしまう。彼は患者になるのである。その人は子供のようになってしまう。かつては威厳があり、健康だった人が病気になると、今や恐怖に支配され痛みに苦しめられ死に脅かされるのである。独特な形の退行現象が起きてくる。患者はもはや自分の身体の主人ではなくなってしまい、身体のいけにえになってしまう。心もまた身体の病気とともに変化するように見える。病気になってしまった夫のために、一時看護師の役を勤めなくてはならなかった妻は、そのことについて数えきれないくらいの例を挙げてくれるのである。家庭を守る人であり、家の支配者であった強い男性は小さな子供になってしまい、泣き出しそうな声で、オレンジジュースが欲しいなどと言ったりするのである。医者と看護師は病院で、入院患者が同じような退行を起こすのをいつも見ている。病院に入院している患者たちは子供のようになってしまい、盲目的に医者を信頼するようになり、そしてまた小学生のように聞き分けのない人になってしまう。時には医者の指示に進んで従うかと思えば、時には従わなくなる。患者はもはや大人のようには振る舞わなくなるのである。

医者というものはこのような環境では偉大な救い手なのである。患者はあらゆる希望の源であり、恐れられ、尊敬され、驚嘆されるのである。医者は人を助けることができる。そして、医者の忠告は黄金のように価値があり、彼はあたかも神のごとき解放者のように思われたりする。医者は病気を治すことができるし、痛みを和らげることができるし、死ぬという体験を耐えることのできる経験にすることもできる。医者がいなくては患者とか病気の人はもう駄目になるのである。

その他の心理学的な現象もここで考慮に入れられなくてはならない。全く奇妙なことかもしれないが、病院で医者たちは、自分たちの患者が不愉快で不都合でかなり愚かしい子供ではないとは、なかなか考えることができないものである。純粋に理性的には、医者たちは患者たちも自分と同じ人間なのだということを、自明のこととして知っているはずである。しかし、患者に対して否定的な態度を取らないようにするというのが、どうしてもできないということを、正直な医者なら時には認めざるをえないことがある。つまり、病院の医者にとっては、患者というものは時には理性のない子供の集まりであり、社会的な地位も品位もない、哀れな生き物なのである。病院の医者にとっては患者たちというものは、自分とは違った階級の人たちと思えてしまうだろう。患者たちは程度の低い人間なのだと感じないように努力することは、医者にとっては実は大変なことなのだ、という心理学的な事実を私たちは認識しなくてはならない。すなわち、患者たちはしょっちゅう聞き分けのないような行動をしてしまうし、自分の薬を服用しなかったりするし、患者たち自身に害になるようなことさえもするのである。彼らはまるで小さな子供がするように、医者の指示に従ったり、従わなかったりする。病院の中で、特に医者と患者の間に生じる状況というものは、それゆえ、一方には退行した子供っぽくて不安げな患者がおり、他方には偉そうにしていて誇り高くよそよそしい、それでいて幾分かはいんぎん丁重な医者がいる、といったものになるのである。

「治療者―患者」元型と力

「健康な身体に健康な精神が宿っている」というのは、非常に素晴らしいイメージである。しかし、健康な身体はいつも病気に脅かされているものである。人間は病気にかかりやすいし、人間の身体は弱々しいもので、生まれた時からずっと、病気や死に脅かされている。人間は身体も精神も健康でありたいと思い、うまく機能したいと思っているのだが、人類がこの地上に現れて以来、身体も精神もよく病気にかかってきたのであり、また病気と闘ってこなければならなかった。身体は傷ついては治り、伝染病はまんえんしては、なんとか克服されてきたのである。原始以来、健康と病気の間の闘いは非常に激しいものであった。そして同じように、有史以来、傷ついた人を助ける治療者はいつも出現していたのであろう。自分で自分の踵のとげを抜くことができない時、それを自分に代わってしてくれる人は誰でも治療者だった。人間がこの世に生まれて以来、病者と治療者が存在してきているのである。病者や傷ついた人はある人に助けを求め、その人は、その呼び掛けに応えて助けてきたのである。

二人の人間の出会いで、一方が病気であり、もう一方は治療者であるという状況は一般的なものであって、人類が生まれて以来くり返しくり返し布置されてきたものである。「治療者と傷ついた人」という関係は、「男と女」の関係とか、「父と子」の関係とか、「母と子」の関係と同じように基本的なもので、その関係はユングがいう意味での元型的なものである。すなわち、元型という概念で、人間には生まれついてのいろいろな行動の様式が存在しうるものであるということが理解されるし、元型的な状況においては、人間は自分の中に存在している基本的な行動の型に従って、ものを感じとったり行動したりするが、その基本的な行動の型というのは本来あらゆる人にとって同じものなのである。

治療者―患者関係という元型の中のどこに力の問題がひそんでいるのであろうか。ここでは力という言葉が意味しうるすべてのことを、極めて手短にではあるが、スケッチ風に述べておくことが必要である。

一つの人間関係においては、一人の主体はもう一人の主体に相対峙しているのである。そして、この二人の主体はお互いに主体として関係を持つのである。ところが力が前景に出ているような関係では、一人の主体はもう一方の主体を対象にしてしまおうとするものだし、対象にされた方は前者に屈服することになる。ということは、つまり対象は主体によって、主体の目的のためにいいように取り扱われることになる。この関係で、支配する側にまわった主体は、自分の方が重要なのだという感じを強く持つようになり、対象にまわった側はその場の状況には責任を持たなくてもよいようにされてしまうのである。これはある種の力の現れである。もう一つの別の力というのは「自分自身を神格化する」ということである。神、あるいは神々のみが人間を支配する力を有しているものなのだが、「神コンプレックス」にとらわれている人はあたかも自分が神であるかのように、他の人々をも支配しようとするのである。この種の力がヌミノースなのであり、支配される側にとってもする側にとっても、極めて危険なものである。皇帝たちやナポレオンやヒトラーなどはこの自分自身を神格化するという実際の例なのである。この力はヤコブ・ブルクハルトが言うように、それ自体悪である性質をもった力なのである。

力の三番目の形は、ある元型的普遍的な状況に見てとることができる。ここでの例としては、酋長とその部族とか、王とその臣下たちという元型的な状況が考えられる。この元型的な状況ということには、しばしば政治とか企業とか軍隊などの中での力がこれに対応している。その力は、それ自体必ずしも悪であるとはいえないものである。

さてここで私たちは再度医者の問題に向かい、この三つの力がどのように医者の宿命となるのかを見ていこう。私たちは医者―患者関係の中でいつでも力の問題にぶつかるのである。現在の世の中で医者が尊敬されるのは、少なくとも部分的にはその力の問題の現れなのである。この尊敬というのは一般の人が示す尊敬のことと私は考えているわけであるが、それは「生や死、病気や健康をその手に握って支配している者」としての医者に対して与えられている社会的な信望である。この尊敬は医者の出てくる小説とか医者の伝記の中でも表されていて、例えばサン・ミシェルの物語とかあるいはドクター・キルデアのような、ポピュラーな映画とかテレビの作品の中にも現れているのである。

この尊敬と、医者が病院の中で発揮できる力とはお互いに関係しあっているのであり、お互いに助長しあっているのである。その気まぐれで患者を脅かし、その咳払いに看護師や医学生がへいこらするといったふうな、暴君的な医長というのは、よく知られているイメージである。このような類の医長というのは、自分に逆らうようなものの言い方に我慢ができない。患者たちは無愛想にはねつけられてしまうのではないかと恐れて、このような医長に質問をしかけることができない。それにもかかわらず、多くの看護師や学生や患者は、自分の力を誇示している医長を賛嘆するのであり、その偉大な力を持った人、生と死を支配している人を尊敬するのである。彼はあたかも半分神のようなものになり、たくさんの助手たちにかしずかれて、病室を大またでのし歩いていく。このような話を聞いていると、私たちはだんだん、何かしら不愉快な気持ちにさせられてくる。私が述べてきたことの中には、何かしら安っぽい調子が混ざっているかもしれない。このような医者の物語とか伝記とか、医者が主人公のテレビドラマは大体が感傷的なもので趣味が悪く、何の芸術的な価値もないものなのである。ところで、自分の持つ力を行使している政治家というのは人に強い印象を与えるものである。ただの一言ですべての企業を麻痺させてしまうことができる労働組合の指導者とか、その人の決定が何千人もの人の行く末に影響を与える社長であるとか、何千人もの兵士たちの生死をその掌中にしている将軍とかいうような人たちは、何かそれ自体巨大で強烈なものを持っている。しかし、自分の力を行使して周囲に誇示するために自分の地位を悪用するような医者は、笑止千万な小型の暴君にしか見えないし、そんな医者は思い上がっていて、道徳的にも下劣な人にしか見えないものである。そんな医者に限って、看護師たちと他愛もないおしゃべりをして患者たちを何時間も待たせたりするのである。そして患者には、その容態についてわかっていることをほんの少ししか知らせようとはしないし、説明もせずにただ命令ばかりするのである。そんな医者は、看護師や患者に恐ろしいという気持ちを注ぎこみ、かと思うと喜ばせてみたりして手玉にとるようなことをする。彼は自分の病棟を、まるで奴隷や寄る辺ない人々の上に君臨していたオリエントの君主のようにのし歩くのである。このようなことはすべて些細なつまらないことのように見えるし、そこにはそれ自体偉大なものというのはなにも存在していないのである。

ここで、医者は一体どのような種類の力を持っているかという問題が起きてくるのである。健康と病気とか、治療者と傷ついた人とか、医者と患者などというこれらの関係はすべて元型的な状況である。王と臣下の元型には力が帰属しているのであるが、今挙げたこれらの元型にも同様な力が帰属しているのであろうか。実際にもしそうだとすれば、この力を使用するということは、それ自体が安っぽいものでもないし、問題のあるものではないということになる。一つの元型というのは、ある一つの根源的な事実であり、それ自体取るに足りないものでしかないという性格を本来持ちえないものである。あるいはこの医者の持つ力は、私が上で述べたように、もっぱら性悪で、破壊的なものであって、主体性を持った人間を単なる物にしてしまう試みであり、あるいは仲間同士の関係では、相手を人間としておとしめていこうとする試みなのであろうか。医者たちが、これほどまでに強い破壊的な力に支配されて耐えられるかどうかはわからない。結局のところ、私たちは人を癒すことができるようにと、自分の職業を選んだのであるし、私たちが何よりもまずこのような破壊的な動機に導かれているなどとはほとんど仮定できそうもないのである。あるいは、医者の力の問題では、自己を神格化することの一つの形とか、はたまた医者の中で活発に活動している「神コンプレックス」を問題にすることができるであろうか。あるいはそのようなこともあるかもしれないが、ここでは再度、その現象の安っぽさとか趣味の悪さが、そのような仮定に対する反証ともなっているように見えるのである。神のようになろうとする試みは非常に大きな罪ではあるけれども、そのこと自体には安っぽさはないのである。にもかかわらず、医者の持つ力が安っぽい卑小さと結びついているということは単なる偶然ではありえない。私が記述してきたようないろいろな種類の力は、今ここで取り扱われている問題にはあてはまらないもののように思われるのである。

元型の分裂

元型の数多くのさまざまな性質が文献には記述されている。それにもかかわらず、元型の、ある一つの性質については、今まで比較的無視されてきたと言ってよい。それは誤解ともいうべきものであるが、その誤解を避けるために、今まで述べてきたのとは別の言葉で、私は今一度元型の本性に、とりわけその中のある一面に立ち入ってみたい。元型というのは、生まれながらにしてある行動の可能性のことであり、それは人類の歴史の中で、あるいはそれよりももっと以前からの歴史の中で発達してきたものであると定義することができる。人間という存在は、いつも新たにくり返されてはいるが、ある意味では定まった型の状況の中で他の人とか、何かある事柄に対して元型的に反応しているものであるし、母親というものは自分の息子や娘に元型的に反応しているし、父親も同じことをしているのである。また一人の男は女に対して元型的に反応している。この意味では、ある種の元型というのはいわば二つの極を持っているといえる。つまり、この種の元型のもともとの状態には対極性が存在しているのである。

元型的な行動というものがどのようにして生じたかは、無論私たちは明確に知ってはいない。おそらくこのように対極性を持つ元型の一方の極というものは、そもそもはある時に人間の一個体の中に生じたのであろうし、もう一方の極はその個体の外で、例えばその人の人間関係の中で生じたものであろう。ところが、人間の心理においては私たちがすでに知っているように、人間としての存在の歴史が始まって以来、その両方の極は同一の個体の中に存在しているのである。私たちは元型の二つの極を自分の中に持って生まれてくる。外界に元型の一方の極が現れる時には、内的なもう一方の極も活発化するものである。しかしまた、内的な極は、外的なもう一方の極によって活発化させられなくても、布置していることがある。子供というものは母親の中に、母性的な振る舞いを目ざめさせるものであり、すべての女性の精神の中で、生まれながらにして、母親が子供に対してとる行動がとれるようになっているのである。例えば、ゲーテが目と太陽の光について言ったように、母親の心の中には、すでに子供が住みついているのだということが、何かしらなぞめいた仕方で起きてくるものである。ゲーテは言うのである。「私たちの目の中に、太陽の力が宿っていなかったならば、一体どのようにして私たちは太陽を見ることができようか」。おそらく私たちは、母親の元型とか、父親の元型とか、子供の元型のことを述べるべきではなかったのであり、それよりは、「母親―子供」元型とか、「父親―子供」元型について述べた方がよかったのであろう。これまでにすでに私たちは、年老いた人の元型とか、若い人の元型について述べてきただけでなく、年老いた人と若者の元型的な関係についても述べてきている。

その考えをおし進めていくと、治療者の元型とか患者の元型というような特別なものは存在しないのだということにもなる。治療者というのも患者というのも、同じ一つの元型のそれぞれの一面なのだということになる。母親の元型というものは存在せず、ただ「母親―子供」元型が存在するだけであるように、治療者の元型というものは存在せず、ただ「治療者―患者」元型が存在するだけなのである。治療者も患者も元型的に、それぞれが部分として、ある全体に属している。このようなことは皆、理論的であり抽象的にすぎるようにも思われるかもしれない。しかし、この考えを具体的に述べてみれば、もっとよく浮彫りにされて受け入れやすいものになる。ある人が病気になった場合、「治療者―患者」元型が布置されることになり、病者は自分の外にいる治療者を求めることになるが、同時に、彼自身の中にいる治療者も活性化されることになる。病気の人の中にある、心の中の治療者を、私たちはしばしば「治療的要因」とも呼んだりする。それは患者自身の中にいる医者なのであり、患者の外の世界に現れる医者と同じくらいよく病気を治すのである。治療的要因というのは、私たち自身の中に存在している医者で、内的治療者が働きはじめなければ、傷も病気も治っていくことはできないのである。日常会話の中で、ある種の患者について次のようなことがよく言われる。「彼は健康になろうとはしない」などと。このように「健康になろうとはしない」ということは、明らかに自我の意思とは関係がない。もし患者が健康への意思を全然示していないという印象がある時には、「彼は健康になろうとはしない」と言うべきではないのであって、その現象は次のように言い換えられるべきである。「その患者の内的治療者の力が弱まっているように見える」と。

多くの病気や外傷がよくなるためには、患者自身の中にいる方ではない、実際の医者が必要である。しかしどんな医者も、患者の中の医者が存在していなくては効果をあげることはできない。医者は傷を縫合することはできるのだが、患者が病気や外傷に打ち克つことができるためには、身体的にも精神的にも何かあるものが助勢してくれなくてはならないのである。患者の中の治療的要因を思い浮かべることはさほど難しいことではないし、心の中で医者が活動している患者、というイメージは非常に珍しいイメージであるというわけではない。そして、患者の中に、「医者―患者」元型が布置していなくてはならないということは、かなり明白なことである。

ところで、医者の場合はどうであろうか。ここで私たちは「傷ついた医者」という元型に出会うのである。医師の神である、エスクラピウスの先生であったケンタウルスのキロンは、癒すことのできない傷を受けたのである。バビロンには二つの名前を持った犬の女神がいた。彼女の名前の一つであるグラは、死と病気を意味するし、もう一つの名前、ラバルトウは治癒を意味するのである。インドでは、カーリは天然痘の女神でもあり、同時にそれを治療する女神でもある。傷ついた医者の神話学的なイメージは、世界中に広がっている。傷ついた医者のイメージは、心理学的には次のようなことを意味している。つまり、病者の中に医者がいるだけではなくて、医者の中にも患者が存在している事実である。ここではそのことにもう少し詳細に立ち入ってみよう。

この章を、私たちは力の問題からはじめたが、分裂した元型という側面から何が明らかになるかを見ていきたい。元型の持つ対極性を維持しつづけていくということは、人間の精神にとっては容易なことではない。自我は明解さを好むものだし、内的な矛盾をぬぐいさろうと努めるものである。この明解さを求めるという欲求は、ある観点からは、対極性を有している元型の分裂を引き起こすことになる。元型の一方の極は抑圧されて、無意識の中で作用するが、その結果精神的な障害が起きてくることがある。元型の中で抑圧された部分は外界に投影される。例えば病者は、内的治療者を、実際に治療してくれる医者に投影するし、医者は自分自身の傷を病者に投影するということもありうるのである。元型の持つ対極性の一方を外界に投影することは、一時的には満足すべき状態をつくり出すが、しかし長い目で見ると、そのことによって精神的な発達がとどこおるということにもなる。このような状態は、例えば患者にとっては、病気の治癒がもうそれ以上は進まないということを意味するのである。医者や看護師や病院やその他のものが彼を治していくので、患者は自分自身に対する責任を持とうとはしなくなる。意識的にも無意識的にも、病気がよくなっていくことに関しては、患者はすっかり偉い先生にまかせっきりになってしまうのである。患者はいわば、治療的に働く要因を医者にひきわたしてしまい、緊張を見失って医者に寄りかかってしまうのである。このような患者は医者の指示に従うかもしれないし、また従わないかもしれない。患者は薬を飲むかもしれないし、あるいはそれを下水の中に投げ捨ててしまうかもしれない。私たちはこのような患者を何千人も、大きな病院の外来で見るものである。彼らはいつも何かの病気にかかっていて、健康になろうとする意志とか、あるいは、健康なのだという確信はもはや彼らには見出すことができない。彼らは、授業中に生き生きと活動しているのはただ先生だけで、自分たちは静かにしてその指示に従っていなくてはならないと信じている小学生のように、医者の指示に従い、あるいは医者に頼りきるのである。

元型の一方の極を抑圧することは、医者の場合全く逆の状況を引き起こすことになる。彼は弱さとか病気とか傷とは全く関係がないという考えを持ちはじめ、自分が力強い治療者であると感じるのである。傷というのはただ患者だけの傷なのであり、彼自身は安全だというわけである。患者と呼ばれるのは、あわれな生き物で、彼とは全く異なった世界に住んでいるのである。彼は傷を持たない医者になっていく。このような医者はもはや患者の中に治療的要因を布置することはなくなり、医者はただ治療者であるというだけの存在になり、また患者はただ患者であるだけの存在になる。患者に立ち向かい、患者の中に治療的要因を布置する傷ついた医者というのはもはや存在しなくなる。このような状態は水晶のように明瞭で、すなわちそこでは、一方の側には健康で強い医者がおり、もう一方の側には病んで弱々しい患者がいるというようになるのである。

分裂した元型を力によって結び合わせること

ところで、ある人が医者という職業を選ぶことを決めた時、多くの場合ある深い内的欲求が働いている。もし医者が元型の一方の極を押しのけてしまおうとし、病気を完全に患者にだけ投影しようとし、自分は元型の中の治療者の極に同一化しようとしても、それでも医者はそれほど簡単には安らぎを見出すことはできないものである。患者たちや病気や傷害が医者を安らぎの中に安住させてはくれないし、医者が望むと望まないとにかかわらず、患者たちや病気や傷害は彼についてまわるものなのである。分裂した元型はくり返し、その全体像を現そうとする。すると傷ついた医者という元型の一つの極から遠ざかってしまった医者は、これからどのようにしてやっていくのであろうか。

分裂した元型は力によって、もう一方の極と結び合わされるのである。医者は自分の患者を、彼の力の対象にし、治療者—病者という対極性を、力によって再び結び合わせようとする。なぜに医者の誇示する力が、あのように安っぽくて下らないものであるという印象を残すのか、今や私たちにはわかっている。医者が見せる力は、医者と患者双方のある失敗の結果なのであり、それは一部は心理的であり、また一部は倫理的なものである。医者は自分の内的な傷や、自ら病気になるという可能性をもはや見ることができなくなり、病的なものをただ他の人の中にだけ見るようになるのである。彼は病気を客観化してしまい、自分の持つ弱さからわが身を遠ざけてしまい、自分は一段高いところに身を置いて、患者をおとしめるのである。彼は強さによってではなくて、心理学的な失敗によって、力を持った人間になるのである。元型の持つ対極性は抑圧されるが、力によって再び結び合わされる。全く同じことを患者も行うわけだが、ただ医者が行うのとは逆に行うのである。その他にも、分裂された元型の対極性が、力によって再び結び合わされることがよく起きるだろうか、という疑問がここで生じてくるかもしれない。あいにくこれがあらゆる元型で起きてくるのかどうか、私は知らないが、しかしそれは実際よくある現象のように思われる。例えば「母親―娘」元型が分裂させられている時には、母親と娘の関係で力の問題が、大きな役割を演じはじめる。これは実際には、母親は単なる母親としてだけの存在になるということなのである。母親は自分の心の中にも娘がいるということを、いわば「娘性（とでも言えるもの）」を自分の中に持っているということを忘れてしまっているのである。彼女は弱点を全然持たない、完全な母親であろうとする。このような場合、娘は、頼りない、完全に強い母親に頼りきった、完全に娘であるだけの存在になる。母親は力でもって娘を支配する。娘の中では母親的なものは全く布置しなくなるし、母親的なやり方で、自分自身に心を配ろうとする心の動きは全く見られなくなってしまう。そして母親の中でも、いかなる形の娘も布置しなくなる。そのような二人の関係というのは、力強く支配的な母親と弱々しく依存的な娘の関係になる。力を得ようとする母親の願望と、娘の服従は、ここでは分裂した元型を再び結び合わせようとする試みの表現なのである。

ちょっと話が脱線したが、また私たちの主題に戻りたい。医者は分裂した元型を力によって再び一つにしようとするし、患者は医者のこの力を是認することによって、またこの力に服従することによって、あるいは子供っぽく反抗することによって、分裂した元型を再び一つにしようとするのである。この力の出現には、しかしそれなりのプラスの面も存在している。実際、問題を根本から解き明かすことはないとしても、少なくとも医者は、元型のそれぞれの極を再び結び合わせようと努力はしているからである。これは元型を再度統一しようという試みを放り出してしまうことに比べれば、まだしもましである。卑小で暴君的な医者でも、少なくとも自分なりのやり方で、医者という職業の根本に存在している問題と闘ってはいるのである。その点では、少なくとも、患者を支配しようという努力すら決してしない、ただ人を陽気にさせるだけの医者よりも、暴君的な医者の方がまだましである。このようにただ感じのいいだけの医者というのは、医者の元型の一方の極を、決して外界に投影しないほど強く抑圧しているか、あるいは大体のところ、医者の持つ根本的な問題に全く悩んだことがなくて、その職業選択の動機も表面的で浅薄なものであったかのどちらかなのである。

このプラス面にもかかわらず、傷ついた医者の元型の分裂にひき続いて起きてくることは、患者にとっても医者にとっても多くの場合非常に有害なものである。ずっと前で述べられているように、病者は永遠の患者になる。治療的要因はもはや活性化させられることはなくなってしまう。医者は思い上がった、心の狭い人間になってしまい、自分自身の心理学的な発達に対しては目が見えなくなってしまう。患者の中に治療的要因を布置するという彼の能力は非常に限られたものになってしまうし、彼は自分こそが病気を治すものなのだと信じるようになり、彼の働きというのは患者の中に治療要因を引き起こし、確かなものにしていくことであるということを忘れてしまう。ある意味では、彼は自分が神そのものであると信じている牧師のような人間になっていくのである。あるギリシアの医者は、患者を助けることができるのは治療の神だけであり、人間である医者は治療の神が現れやすいようにしていくことしかできないのだと言ったのであるが、今まで述べてきたような医者はそのような精神的な姿勢では、このギリシアの医者の姿勢からは遠く隔たっているのである。

さて、よくある誤解をまずとり除いておくには今が一番よい時期である。私が傷ついた医者のことを語る時、それは自分自身を個々の患者に同一化している医者のことを言っているのではない。また個々の患者に同一化するなどということは、純粋な感傷にすぎないであろう。ここでは今一度、元型の二つの極が外面的に統一されるということが問題になっているだけである。そのような同一化というのは、自我の弱さの徴候なのであり、対立するものを統一するヒステリー的なやり方なのである。傷ついた医者というイメージは、健康な医者の反対の極としての急激な苦痛に満ちた病気の意識を象徴しているのであり、彼自身の身体や精神が崩壊していくという、持続的な苦痛に満ちた確信を象徴しているのである。この種の体験をすることによって、医者は患者の主人になるのではなく、すべての病者の同胞になる。すべての人はその中に「健康―病気」の元型を持っている。しかし医者という職業を自分の天職であると考えている人にとっては、この元型は全く特別な魅惑を持っているものである。それだからこそ彼は自分の職業として、医学を選んだのである。ごく平均的な医者は、簡単なやり方で力を手に入れることができ、同時にたぶん他の人も助けることができるだろうというので、医学の道に進んだのではない。医者は、病気に興味を持つほどには治療に興味を持っていないと、よく非難されるが、これは半分は真実である。医者というものは「健康―病気」元型に興味を持ち、この元型を体験したいと思うのである。本当にさまざまな理由から、その活動の分野として医学を選んだ人は「治療者―病者」元型に引きつけられるものなのである。不幸にして、すべての人がこの元型の両方の極を持続的に経験しつづけることができるほど強いというわけではなく、彼らはとかく元型の一方の極を抑圧し、力によって単一性を再度打ち立てようとするのである。

今述べてきたことを具体的に示すため、医学生の場合をみることにしよう。医学生は、その勉強の間に、自分たちが学ばなくてはならない対象である、ありとあらゆる病気にかかるのではないかという不安を持つ時期を経るものである。彼らは結核のことを聞き、自分自身にこの慢性疾患のあらゆる症状を見てとる。彼らは癌の患者と接触して、自分自身が癌にかかっているのではないかと恐れたりもする。この心理学的な現象はよく神経症的な現象であるというように理解されるが、年配の医師たちはこのような不安げな学生たちのことを笑いながら、自分たちもこの段階を通ってきたことを思い起こすのである。年配の医師たちはこの段階には何の意味もないと考えるのだが、医学生たちのこのいわゆる神経症的な段階こそ、まさに彼らにとっての別れ道である。この瞬間こそ、あらゆる病気が自分の中に存在しているのだということを彼らが理解しはじめる瞬間なのである。このようにして医学生は「傷ついた治療者」になっていくのである。これは往々にして彼にとっては大きすぎる問題であり、荷はあまりにも重く、彼は病気という元型の一方の極を抑圧してしまうのである。しかしまた、彼は病気を自分の中にある一つの実存的な可能性として体験し、統合していくこともできるのであり、そのようにして彼は真の「傷ついた治療者」になっていく。ある医学生たちはこの決定的な段階で失敗してしまうが、その他の医学生たちは元型の対極性に耐えていく力を持っているのである。失敗してしまった学生の中の少数のものは、その失敗にもかかわらず、有名な医者になっていくことがあるが、それはよい医者になっていくということではない。そして元型の対極性を体験することに耐えてきた多くの者は、決して何かある名声などは得ようとしない、無名の医者でありつづけるのである。

ところで、医者という職業の中で奮われる力というものは、撤頭撤尾悪いものであるという結論に対しては、今一度注意が払われなくてはならない。なるほど、力が多く奮われれば奮われるほど、私たちの前から真の治療者は姿を消していく。なるほど私は分裂した元型を力によって今一度結び合わせることにも、それなりのプラスの面はあると言ったのだが、しかしここで、ある医者が分裂した元型を力によって再度統一することの方が、切り捨てられた一方の極を決して気にかけないでいるよりもよいとも必ずしも言えないのである。では、もう一度極めて手短に、現代の医者を問題にしてみることにしよう。現代の医学は非常に技術的であり専門化されているが、病人やその家族のことを皆知っていた昔の村医者やドクトルは、未分裂の「医者—病者」元型をその身に担っているように見えることがあるかもしれない。彼は、力は持っていなかったかもしれないが、彼が現れると熱を出している子供は安心するのだった。彼の外見はつつましいもので、たぶん着古したしわくちゃの服を着ていたことであろうし、時にはアルコール中毒の傾向も見られたかもしれない。彼は酒を飲むことで大変な緊張をほぐそうとしていたかもしれない。彼は元型の二つの極を持続的に体験しつづける人間として、その恐ろしい緊張に苦しんでいたのである。しかし彼は誇大妄想などは持たなかったし、良心的な「傷ついた医者」なのであった。そして、とかく昔はよかったと言う傾向のある人は、現代の医者には元型全体を体験するという危険を冒すだけの力がないと思いがちである。なるほど、現代の医者は、最初見た時には、病院というわばベルトコンベアにとりついて働いている専門化された技術者のように見えるかもしれないし、事実現代の医者の中には、純粋な技術者というような人もいるかもしれないが、また一方では、いったんは「傷ついた治療者」という元型にとらわれはしたのだけれど、元型の二つの間の緊張に耐えることができなかった医者たちもたくさんいるのである。あたかも昔の古い家庭医の方が、言葉の真の意味において「傷ついた治療者」であったのであり、現代の技術的な方向づけを持った専門家は、むしろ元型の一つの極を押しのけてしまおうとする傾向を持っているかのように見えることがあるかもしれない。しかし、この考えは元型の本質についてのある誤解に基づいているのである。元型というのは極めてさまざまな印象を与えるものであり、また、外的な現実と同じくらいはっきりとした内的な事実なのである。医者とか医師の仕事というのは時代の流れにつれてしばしばその性格を変化させるものである。ジャングルの中の魔術師的な医者は、よく年季の入ったギリシアの医者とは比較することもできないような、独特な方法を持っていたし、アラビアの薬を使っていた中世の医者は、ここでもまた、馬とか馬車に乗って患者の家を訪れていた十九世紀の家庭医（ホームドクター）がやっていたのと全く異なったやり方で仕事をしていた。第一次および第二次世界大戦では、外科医は独自の方法で元型を生きるというやり方をしなくてはならなかったし、技術的に高度の訓練を受けたメイヨー・クリニックの専門家たちは、そこで全く独特な治療の方法を用いて働いている。しかしこれらすべての医者たちは、たとえ彼らの仕事の仕方や方法がどれほど異なったものであろうとも、それでもなお「治療者―病者」元型の全体を生きることもあれば、その元型の一方の極を抑圧してしまうこともありうるのである。彼らは皆「傷ついた医者」であることもできれば、卑小な暴君でもありうるのである。私たちが卑小な暴君的な医者と関わり合いを持つのか、あるいは傷ついた医者と関わり合いを持つのかということは、十九世紀の医者の方が問題なのか、あるいは高度に専門化した近代的な病院の医者が問題なのか、という二者択一的なこととは関係がない。元型の分裂というのは内的な出来事であり、医者の心的な発達や能力と同様に、医者が置かれている外的な状況にもさほど左右されないものなのである。

私が言わんとしていることの最後の例証として、キリストのイメージを呈示してみたいと私は思っているが、同時にそれが少々的はずれであることも十分認識している。イエス・キリストは歴史的宗教的な実在であり、非常に大きな留保つきではあれ、心理学的な象徴として理解することもできる。一体キリスト以外の誰に、これほどよく「傷ついた治療者」を見ることができるであろうか。彼は単に身体的なレベルでの病気の治療者であったばかりではなくて、罪と死から逃れられぬ人間の実存的な病を癒す治療者だった。

イエス・キリストは傷つけられ、人間の罪をその身に負っている。彼は罪と死の世界を癒すためにきたのであり、そのために、すべての罪を担って十字架の上で死んだのである。そして、彼は彼の父なる神がいかに力ある神であるかを知っていたにもかかわらず、どのような力をも使うことを拒んだのである。このようにキリストは一番高次の意味での「傷ついた治療者」であり、十字架上での死によって世界を罪と死から癒したのである。彼は罪と死を自分でひき受けることによって世界を癒したのであり、それを避けることとか、それから身を遠ざけておくことによって世界を癒したのではない。キリストに比較すれば、生と死の闘いとか、病気と健康との間の闘いにその身をささげている医者などというものはちっぽけな小人でしかない。医者は自分の持つあらゆる知識と技術を使って、結局のところはいつもいつも、治癒的な要因を患者の中に布置するために、努力しなくてはならないことを再度思い起こし、そうしてはじめて、彼は創造的に仕事ができるのである。なぜなら、患者の中の治癒的要因なくしては、彼は何物も達成することはできないからである。医者自身が、一つの実存的な可能性として、病気を自分の中に持っていてこそ、はじめて彼はこの治癒的要因を活性化することができる。また、彼が元型の二つの極をちっぽけな力で結び合わそうとすればするほど、彼はうまく働くことができなくなる。むしろ医者が元型の分裂に全く悩んでいない時とか、元型の分裂が彼にとっては何物も意味しない時の方が、まだしも十分にうまく仕事していくことができるものである。

医者、精神療法家、ソーシャルワーカー、教師

前章では、医者という職業の持つ元型的な問題性に立ち入っていこうとしたわけだが、医者という職業の基本的なモデルは、いくつかの、それ自体は医者ではないが、人を助力するのがその使命である職業にとってもまた重要なものである。それらの職業の内のあるものは、医者という職業が持つ職業上の性格をすべてなくしてしまわないまでも、そこから次第に遠ざかっていったのであるが、その他の人を助力する職業は、ここ数十年の間に、それまではほとんど関わり合うことがなかった医者という基本的なモデルの方に目を向けてきているのである。精神科医、つまり心の医者が、医者という職業の基本的なモデルのおかげをこうむっているのは自明のことである。ところが精神療法家とか分析家は、今日では心理学者であることもあれば、医者であることもあるのだが、彼らもまた一般的な意味で職業的には医者のような活動をするのである。彼らは苦しんでいる人と関わり合い、その人の心理学的な状態を変化させることによって、その人を助けようとするのである。精神療法や精神分析の活動の基礎にある、人を癒すという職業上の性格はここ数十年間誤解されてきている。そのことは、よく訓練された医者だけが精神療法的な活動をすることを許されるのである、

という専門家たちの意見によって代表されていた。このことは「傷ついた治療者」という元型にとらわれている人間だけが、精神療法を行うべきなのだという限りにおいては正しいことかもしれない。しかし、これは自明のことだが、医師の免状を持っている人だけが精神療法家になれるのだということとは違うのである。一番基礎になっている、医者のように人を救おうとする姿勢は、医学教育を受けていない人にも見られるものなのである。この事実を承認するのは、医者たちにはなかなか難しいことだったので、逆に医者ではない精神療法家や分析家たちは自分たちを守りはじめたのである。医者ではない精神療法家にとっては、医者とは違って、病気とか健康ということではなくて「心」というものが最大の関心事だとされている。医者ではない精神療法家とか分析家にとっては、患者を単に健康へ導いていくことだけが大切にされる必要はなく、彼らは魂の癒しということに責任を負っているというのである。ちょうど自我と自己が相対立し、必ずしもいつも同じ目的を追求するとは限らないように、健康と魂の癒しというのは必ずしもいつも同じものではないというのである。医者としての方向を持った精神療法家はもちろん患者を健康にしていこうと手助けするのであるが、心理学的な方向づけを持った精神療法家はそれに反して、魂（心）が自己の方向を目指すように手助けしていくというのである。この考えは私には疑問である。どんな人でもいわゆる人生の意味とか人生の計画は探し求めなくてはならないものだし、誰でも他の誰かの助けになれるのである。これは何かある専門家の問題なのではない。傷ついた人や病人や精神的な困難に苦しんでいる人は助けを求めるものである。その人は自分に見合った可能性を開化させ、さらに発展させていけるようになるところまで、よくなりたいと望むのである。ところで、健康と病気の間に永久に続く闘いに心ひかれ、この闘いに関わり合っていかなくてはならないという使命を感じている人々もいる。彼らはこの闘いを避けようとはしないし、その闘いを受け身に苦しみながらただ甘んじて受け入れようとするのでもない。しかしまた、人間の運命ということについて、この人たちが他の人たちよりよく知っているというわけでもない。医者ではない精神療法家や分析家もこの意味では、医者という職業の基本的なモデルに基づいて理解されなくてはならないし、人間の生活の非常に深い背景に関しては、彼らも他の人たちと全く同じくらいしか知ってはいないのである。現代のソーシャルワーカーもまた、精神療法家や分析家と同じように、人を癒すことの手助けをする医者のような活動をする。伝統的な意味での社会福祉家はこのようなことはしなかった。彼は慈善家であったり、善行家であったかもしれないが治療者ではなかった。この古い意味での福祉は、今日でもなおソーシャルワーカーの活動の大きな部分を占めているが、しかしソーシャルワーカーはだんだんと治療的な働きも行いはじめている。彼は身体的に病者を治すのではないが、しばしば、精神的に病者を治したいという、いささか問題のある願望を持ちはじめるのである。そこで、これははっきりしていることだが、ソーシャルワーカーは社会的に「病んだ」状態を可能な限りよくし、治していかなくてはならないという義務を、自分自身が負っているように感じるのである。この意味ではソーシャルワーカーの持っている基本的な問題というのは医者が持っているものと同じなのである。そうだとすれば、たとえソーシャルワーカーが医師免状を持っていなくとも、あるいはまた彼の職業教育訓練が、医学的な教育訓練とほとんど全く関係がないとしても、ソーシャルワーカーという職業は、ある観点からすればやはり医者と同じ星のもとにあるのだと言える。現代のソーシャルワーカーの活動のもともとのモデルは、医者の活動のもともとのモデルと少なくともつながりは持っているはずである。

医者という職業の基本的なモデルは、医者や精神科医はもちろん、精神療法家や分析家や——少なくとも部分的には——現代のソーシャルワーカーにもあてはまるものである。医者は身体的な「健康—病気」という対極性に引きつけられ、精神科医は精神的な「健康—病気」という対極性に引きつけられるのである。また精神療法家も分析家も、同じように精神的な「健康—病気」という対極性に引きつけられるのである。しかしその際、精神的な病者については、分析家や精神療法家にとっては何よりもまず、無意識から引き起こされた障害が問題の中心になっている。この意味で「無意識的—意識的」という対極性が大きな役割を演じている。ソーシャルワーカーの場合は、社会的な「健康—病気」という対極性と闘うのである。

このような職業すべてが持っている、問題性や困難さには何か共通なものがあり、分裂した元型という問題が、ある独特な形でこれらのすべての職業の中に現れてくるのである。それゆえこのような職業の一つをとりだしてその問題性や困難さを詳細に検討した結果は、それにちょっとした一部の変更を加えれば、これらの職業すべてに適用することができる。狭量で大げさで力への志向の強い医者とか、しばしば偽りの預言者とかいんちき医者として活動している精神療法家とか、審問官の役割を演じているソーシャルワーカーとかは、基本的には、その元型的な問題性の中ではお互いに類縁関係にある。これらの人たちは皆「治療者—病者」元型に魅了されており、この人たちは皆、この元型の持つ対極性に苦しんでいる人たちである。この人たちは皆、「傷ついた治療者」として活動することができるが、しかしまた、元型の一方の極を抑圧してしまうこともできるし、またそのようにして、ある形の力への志向にとらえられてしまう、というようなことも起こりうるのである。

ところで、助力することをその使命としている職業の中に数え入れなくてはならないもう一つの職業の中にも、私たちは分裂した元型を見出すのである。その職業は教師という職業である。物をよく知らない子供と物をよく知っている大人というのは、人類の歴史始まって以来、はっきりと対立してきたのである。物を知らない子供が物を知っている大人と出会う時、心の中ではいわば大人性と子供性とでも言うべきものの間に緊張が生じることになる。どんな大人の心の中にも子供はいるものだし、その子供が私たち大人を絶えず新しいことへと導いていってくれるのである。物を知っているということが大人を精神的にこわばった存在にしているのであり、新しいものにもう近づくことができないようにしているのである。物を知らない子供の不合理な試みとか、素朴な卒直さは、一人一人の人間すべてに、ある可能性として保持されつづけているのに相違ないのであり、さもなくば人間というものは干からびきってしまうことであろう。このように、大人というものは決して完全には成長しきっていないものなのであって、もしその大人が精神的にある程度健康であれば、常に物を知らない子供がその人の心の中にたっぷりと存在しているものなのである。

世間では小学校の先生たちというのは、子供っぽくて世事に疎いとしばしば陰口されているし、それはあながち間違っているというわけでもない。小学校の先生たちとよく付き合ってみると、この職業についている人たちには、ある子供っぽさや幼稚さがあるということが、心ならずも確かめられるのである。子供っぽさの中の何かあるものが、確かに先生たちを引きつけているに相違ない。もしそうでなかったら、その仕事の間、子供たちとずっと一緒にいることがどうしてできるであろうか。「大人—子供」という対極性が教師という職業の根本的な魅力の一つになっている。生き生きとした教師というものは自分自身の子供っぽさを、いつも生き生きと自分の中に持っていなくてはならないのであるが、それはちょうど医者が病気を自分の中に持っていなくてはならないのと同じことである。私たちはよく、自分たちの子供っぽさを失ってしまったように見える年配の先生と出会う。彼らは子供っぽいという性質を、平均的な健康な大人に比較しても、もっとわずかしか持っていないことすらある。それでこのような先生たちというのは、物を知らない子供たちにとって、ほとんど敵みたいに対立しているような教師にほかならない。彼らは子供たちがいかに物を知らず、何物をも学ぼうとしないかということをこぼすのである。子供たちの幼稚さとか、統制がとれていなかったりするというようなことが、そんな型の教師の勘に触るのである。この種の教師は内的にも外的にも、子供っぽさからは完全に離れきってしまっているのである。そんな教師にとっては、子供たちというのは、決してなりたくない、自分とは全く違った存在なのであり、だからこそこの種の教師はしばしば自分の生徒を虐待するのである。子供たちとの関係の中では、一層の訓練とか整理整頓とか従順さなどが彼の教育の重きを占めるようになる。子供たちに対して自分の力を示し、生徒たちをきちんと算術的に計算された平均点で締め上げ、——ところが、その平均点なるものはそれぞれを見ていけば、教師が気ままにつけた生徒の評点から算出されただけなのだが——生徒たちを追いつめることに、この教師たちはある喜びを感じているのである。

よい教師が引きつけられ、そしてまた彼が生きなくてはならない元型というのは、「物をよく知っている大人—物を知らない子供」という元型なのである。このことは、よい教師というものはただ単に子供っぽさに引きつけられているだけではいけないのであって、彼自身が再三再四、自分の中に子供を見出さなくてはならないということを意味している。彼自身が物をよく知っている大人であると同時に、物をよく知らない子供でもあるということによってのみ、彼は自分の生徒たちの中に同じ元型を布置することができる。よい教師というものは、医者が治療的な要因を患者の中で活動させるようにしていくように、いわば子供の中によく物を知っている大人を活動させるようにしてやるという存在でなくてはならない。これは、彼自身が自分の子供っぽさを失わないでいて、はじめてできることである。ということは、実際的には、例えば、授業中も教師は自分の自発性を失ってはならないし、また彼自身が興味を持っている何かによって導かれるようでなくてはならない、ということである。ある午後に、突然森に出かけて鳥の声に耳を傾けてみたいという子供っぽい楽しみに強く襲われた時には、彼はクラスの子供たちを引きつれて森に出かけていくはずである。よい教師というのはただ単に知識を分け与えてやるだけのものではなくて、子供の中に知識への渇望を目ざめさせてやるものでなくてはならない。これは、教師自身の中に知識を渇望している卒直な子供がまだ生きていてこそ、行うことができることなのである。残念ながら、わが国（スイス）ではあらゆる手段を使って、教師たちの卒直な子供っぽさを融通のきかない指導要領によって枯れしぼませてしまおうとしているのである。

多くの教師の中でこのような元型は分裂している。教師の中の子供っぽさは抑圧されて生徒たちに投影される。教師たちの中には子供っぽさは全くなくなってしまい、子供たちはますます子供っぽくなってしまう。教師はただ物をよく知っている大人というだけの存在になるし、子供は、ただ物を知らない子供であるだけの存在になる。そこで今や授業の中での進歩は妨害されてしまう。子供は子供でありつづけるだけになり、子供の中にもはや物をよく知った大人を布置することはなくなってしまい、かくして教師はますます賢くなり、子供はますます愚かになるというわけである。元型の子供の極が分離してしまっているこのような教師は、それゆえ、以前には子供たちはもっとよく勉強したものだが、とぼやく始末になる。そして彼は力と規律によって子供たちと関係を保っていくことができるだけになってしまうのである。しかし同時に彼は惨めになり悲しくなる。新しいことや新鮮なことを求める心や何かに熱中する子供っぽさなどは彼の中ではすべて枯渇してしまっている。子供たちは彼の敵であり、分裂した「大人—子供」元型の内的な対極性を明示しているだけなのである。子供たちにうまく働きかけている中年の教師たちが、いかにいい意味で極めて子供っぽいかは、なるほどいつもはっきりしているものであるが、他方、すでに若いうちからすっかり元型を分裂させてしまっていて、力でもって、「愚かで物を知らない」子供たちを追いつめていこうとしている教師たちもまたいるのである。

私たちが見てきたのは、教師という職業においても、分裂させられることのある対極的な構造をなしている元型が、その職業の基礎になっていることとか、それがいかにしばしば力によって再度結びあわされたりするか、ということである。しかし教師の場合は、ソーシャルワーカーや精神療法家や医者の場合の元型とは少し違った元型が問題になっているのである。

この本では何よりもまず、精神療法家が私たちの興味の中心であるから、私たちは精神療法家の活動の基本的なモデルのあとをたどることにする。その職業の基本的な問題の多くは、助力することをその使命とするすべての職業——医者、ソーシャルワーカー、教師など——にも共通するものであるが、また多くの問題は精神療法家にだけ関わるものであった。精神療法家の持つ問題性を完全に理解するためには、今や基本的に新しい心理学的な問題の方向をつきとめなくてはならないし、そうするためには、分裂した元型に到達した時のように、少しまわり道をすればきっとその新しい心理学的な問題に到達できることであろう。何か大切なことを示すためには、まず何か全く別なことに立ち入らなくてはならないのである。

影、破壊性、そして悪——人は人にとって狼である

破壊の欲求というのは、まず何よりも若者に非常にはっきりと現れてくるものである。この年ごろでは破壊的な欲求というのは、変装することなく直接的に現れてくる。若い人々は明らかな破壊の欲求の爆発や、精神や文化の破壊（ヴァンダリズム）に傾く傾向があり、若い人たちは財産を破壊し、生命を危険にさらすことを愛する。若い人たちのこのような行動を嘆く声を、私たちはケープタウンからストックホルム、モスクワからエディンバラまで世界の各都市で聞くのである。文化的にまた政治的に、どのような発展段階にある国の人たちでも、若い人たちの破壊的な行動に悩まされている。彼らの破壊的な行動のいくばくかが、政治的な動機や社会的な動機から合理化されるということもよくあることである。それゆえ、人間の持つ破壊的な欲求の心理学的な背景を研究するためには、青年期の心理学の研究が役に立つことになるのである。

若い人たちの破壊的な行動について、まず一番目立って見えることは、彼らが単に他人の生命や財産だけを故意に破壊しようとするだけではなく、自分自身の生命や財産をも故意に破壊しようとすることである。例えば若い人たちが自動車を運転する仕方は、しばしば殺人的であると同時に自殺的でもある。そしてそれ以

外の場合でもまた再三再四、彼らは自分自身だけを危険にさらすような状況に追いこんでいったり、無謀な行為を企てたりするのである。若い人たちというのは危険に心ひかれているのであり、ここでは事の詳細に立ち入るのは意味のないことで、そのためにはその日の新聞を読めば事足りるのである。

若者たちのこの破壊的な行動はしばしば「私たちの時代の徴候」という決まり文句で説明される。あらゆる価値の崩壊や社会的な発展と変化や現代の大衆の確信のなさなどが、その時代の徴候へと帰されていく。しかしその時代の徴候ということと、私がここで問題にしていることが関係がないことは明らかである。他の人や自分自身に対する破壊的な欲求というものは、これまでもずっと若い人を特徴づけてきたし、少々極端に言うならば次のようにも言えるかもしれない。つまり、人類の歴史の流れの中では、若い人たちはほんの些細なことのために、あるいは何のためということもなく、喜んで人を殺したりもし、自ら死んでいったりもしたのである。人類の歴史の中に現れる破壊的な戦争には、いつでも十分な戦争協力者が若者たちの中にいたのである。さてこの破壊性の背後には何が存在しているのであろうか。どのようにすれば私たちはこの破壊性を説明することができるのであろうか。人間の持つ破壊的な欲求を取り扱うというのは非常に不愉快な課題であるが、人間というものが自分自身に対しても他の人に対しても破壊的なのだということは、ほとんど誰も否定しないだろう。しかしその現象の説明は全くさまざまである。例えばマルクス主義者たちは人間——と若者たち——の破壊的な振る舞いを階級闘争と圧制と搾取の結果であると理解しており、この階級闘争は憎しみという雰囲気をつくり出し、これが破壊的な行動へと導いてゆくのである。しかしいったん階級闘争が最終的に終わりを告げ、私たちが階級というもののない社会を有するようになれば、人類はもう破壊的に行動することはなくなる、とマルクス主義者たちは信じている。この最終的な段階に到達するためには、しかしまだたくさんの破壊的な行動が必要不可欠であり、そこまでいくためには、たぶん人類の半分は根絶されなくてはならないだろう。だがそこまでいけば、人類の破壊的な欲求に関する観察はもはや不必要なものになる。なぜならその時には、破壊的な欲求というものはもはや存在しなくなっているからである。

マルクス主義的見解は人間の破壊的な欲求が議論される時にもっと穏やかな形で、しかもさまざまに変化して現れてくるのであって、この私たちの心ひかれている破壊性という現象は、単に間違った社会機構の結果であるにすぎないという見解が再三表明されるのである。人間の中に見られる破壊的なものは社会的、政治的および経済的に間違っている社会機構の結果なのであって、これが取り除かれることによって消滅させることができるのだというのである。そして、また権威主義的な教育も人間の持つ破壊的な欲求の原因になっていると非難されるのであり、人類の幸福などという考えは、反権威主義的な教育の中にこそ見出されるものだということになる。

このような類の説明の試みはイギリスの歴史家、アーノルド・トインビーの言う意味での「未来主義」と呼ぶことができる。未来にはきっと人類の持つ破壊性という、不安で心配な事実を解決してしまう変化がありうるはずだと、未来主義者たちは考えているのであり、未来には黄金時代があるかもしれないと思っているのである。現在、人間が置かれている状況の困難な事実は確かに認められてはいるのだが、しかし、それは将来には避けることができる過ちであり、無害なものであると主張されるのである。

ヘルベルト・マルクーゼもまた、人間のもつ破壊性を説明するのに社会学的――未来主義的な観点からの試みを行っている。彼の見解によれば、今日の人間は暗うつな力によって抑圧され搾取され、巧みに取り扱われているというのである。今日、西欧の人間は自分が自由であると信じている。しかし――ヘルベルト・マルクーゼによれば――西欧の人間は救いようのない奴隷にしかすぎず、奴隷としての物質的な快楽が彼に、自分は何かある大切なことを有しているのだというような錯覚を与えているだけなのだというのである。しかし今日の人間は社会の操作によって、自分自身からも遠ざけられているのであり、持続的な欲求不満の中で生きているのであり、破壊的な行動はこの欲求不満から説明される。現在の状態が改善されるためには社会構造全体が完全に破壊されることが必要なのである。現在の社会構造が破壊されたならば、新しい破壊的ではない、欲求不満にも陥っていない幸福な人間が存在できるようになる。マルクーゼは部分的にはフロイトに依存しているのであり、私たちが文明化すればするほど欲動は挫折するものであるという、フロイトの見解を受け入れているのである。つまり、人間の文明や文化が発達すると欲動は犠牲にされるものであり、欲求不満はその結果であるということになる。

コンラート・ローレンツ教授もまた、彼の著書『いわゆる悪について』（邦訳『攻撃——悪の自然誌』）の中で人間の破壊的な行動を取り扱っている。彼は破壊性という不安な現象を、動物学の概念を使って解明することで説明しようと試みているが、彼によれば、攻撃性というのは個体や種族が生きのびるために、必要不可欠な基本的な本能の一つである。危険な動物たち、例えば猛獣では同種族のものに対する攻撃性は、ある種の制止や抑制と結びついているものである。圧倒的に強い仲間に頸をさしのべているオオカミは、その強い方によって殺されることはない。人間というのは道具を持つ以前には、危険のないおとなしい動物であったので、人間にはこのような抑制は必要のないものであった。道具の発明とともに人類はお互い同士殺し合いをすることができるようになってしまったのである。人類のおとなしさはなくなってしまい、依然として攻撃性は存在しつづけ、猛獣では攻撃性と結びついている抑制というものが人間には全く存在しないのである。それゆえコンラート・ローレンツによれば、破壊性というのは結局のところ一つの本能なのであり、それは人類が発達してきた間に、人類のおかれた環境が変化したことによって、危険なものになってきたものなのである。

それ以外の、人間の破壊性についての動物学的な説明としては、イギリスのC・ラッセルとW・M・S・ラッセルの説明がある。この二人の著書たちによると、破壊性というのは人口過剰の結果だというのである。自由な野生の状態ではおとなしい、ある種のサルは、動物園でつめこまれて生活していると、攻撃的で破壊的になる。そのサルたちは、自分たちの若い個体さえ襲ったりするのである。あまりにも狭い縄張りはサルたちの本能を惑わせてしまい、攻撃性が持続的に刺激されることになるのである。

人間の行動を動物学的に説明しようという試みには限界がある。私たちは動物を外側からしか理解できないのであるが、それに対して、私たち自身が人間なのであるから、私たちは人間を内側からある程度まで理解できる。それだから動物の行動の理解にはいかなる場合にも限界があるわけである。このように動物学的な理解の仕方には限界があるが、人間の理解はそれとは全く異なっているし、同時により深いものである。それゆえ、そうした限界のある動物学的な理解の仕方から、人間の置かれた状況に対して引き出された結論がどの程度まで正確なものであるのかは疑問である。若者たちの行動に典型的に見られるように、人間の攻撃性はほとんどの場合、自分自身をも破壊しようとする行動と結びついているということは、どんな動物学的な説明の場合にも顧慮されてはいない。この事実はまたほとんどの心理学者たちによってもなおざりにされているわけだが、のちほど私たちが見ていくように、すべての心理学者によってなおざりにされているというわけではない。

C・G・ユングの心理学は人間の破壊的な行動の説明として、私たちに何を提供してくれているのであろうか。すでに述べてきた「影」という概念で、ユングは興味深い説明の試みを示してくれているのである。しかし、彼は自分の考えを必ずしもいつも体系的に記述したわけではない。独断的な詳細に熟考された心理学上の体系をつくりあげることは、彼にとっては肝要なことではなかったのである。以下に影という概念をユングがどのように理解しているのかを示してみたいのであるが、そこではユングの理解の仕方をいささか体系化することになるであろう。

いわゆる「影」には、お互いに密接に関係し合っている、三つの異なった心理学的な構造が見られる。一番最初のものとしては、ここでは個人的な影を挙げなくてはならない。これはある観点から言えば、フロイトの言う無意識に一致する。それは個人の生活史の中で、個人的な理由から抑圧されなければならなかったイメージであるとか、ファンタジーとか欲動とか体験などである。両親によって強いられたタブーは、しばしばその子供たちに、よく似たものを抑圧するように迫るのである。個人的な影の内容というのは多くの場合、それ自体は無害なものであり、それはしばしば、両親とかまわりの人々が、おぞましい、あってはならないものだというようにしてきた、性的なことのある一面なのである。個人的な影はまた、自我とか超自我がもはや知りたいとは望まない、数多くの個人的な不愉快な体験を含んでいるものである。現代の西ヨーロッパの人々の影はしばしば、ある性的倒錯とか、非常に多くの抑圧された攻撃性とかを含んでいるのである。

個人的な影はいわゆる普遍的な影と非常に密接な関係にある。ある特定の普遍性の中では、普遍的な影は個人的な影と全く同じものである。すなわち、個々の人に見られる普遍的な影は、その人が属している文化圏では受け入れられないあらゆるものを含んでいる。影というのは普遍的な理想がもつ、もう一つの暗い一面なのである。十九世紀のヨーロッパの一般的な理想というのは、キリスト教と自由主義の混合物であった。愛とか進歩とか、清潔さとか友情の厚さとか、冷静さとか、貞節なこととか、その他のいろいろなことが普遍的な価値を有していたのである。それゆえ、この時代の普遍的な影には、憎しみとかデュオニソス的な陶酔とか熱狂的になる傾向とか、それ自体が目的となっている性とか、楽しみといったようにいろいろなことが含まれていたのである。ヴィクトリア女王時代という禁欲的な時代の普遍的な影は、その当時に咲き乱れたポルノグラフィックな文学の中に現れているのである。

もし私たちが中世から近世までのキリスト教の教会の、普遍的な影を知りたいと思うならば、そのためにはユダヤ人の迫害の歴史とか、魔女裁判とかいった現象を研究するのが有意義な方法である。私たちが十九世紀のイングランドの普遍的な影に興味を抱いたならば、アイルランドの飢餓のこととか、スコットランドで起きた、スコットランド高地の住民の掃討の歴史を読むのが意味深いこととなる。そうすれば、イギリスの指導的階層の公式的な表面の理想を持つ、もう一方の暗い一面、すなわち残忍さとか権力とか貪欲さなどを学びとることができるのである。

個人的な影は自我の理想には破壊的に働きかけるのである。普遍的影は普遍的理想を引きずり落とそうとするのである。しかし自我の理想とか普遍的理想というものは、再三攻撃にさらされていなくてはならないものであるわけだから、この影は両方とも非常に価値のある作用を持っているのである。もしその理想が、個人的なものであれ普遍的なものであれ、理想というものは、欺瞞的であり一面的なのである。個人的なものであれ、人間の魂の奥底から持続的に侵触されつづけていなければ、個人的な発達も普遍的な発達も存在しないことであろう。

これらの二つの影と結びついていて、その影にエネルギーを与えてはいるが、それにもかかわらず、その二つの影とは違ったものだというのがいわゆる元型的な影である。ここでは影という言葉は実際的には間違っている。影というのはそのイメージからすれば何かしら二次的なものである。つまり、光があればこそ影が存在するのである。意識されている個人的な理想も普遍的な理想も、その影を、その理想の暗いもう一つの面として有しているのである。だから個人的な影も普遍的な影も、本質的には何ら独立したものではない。それに反して、元型的な影では事情が異なるのである。この影に対応する最もよい言葉は、たとえそれがまたあまりにも多くの普遍的な、倫理的な連想を呼びおこすとしても、それは「悪」という言葉かもしれない。

ユングは「悪」を、それ自体独立した何物かであるというように理解していたのであり、「善の欠如」つまり善なることが存在していないこと、それが悪なのであるというように理解していないのである。ユングは悪を、それ自体独立した事実であると理解しようとするのである。C・G・ユングの意味では、悪は「私たち自身の中にある殺人者であり、自らを殺すことである」、というように理解されるのである。この元型的な影は人間が生まれながらにして持っている行動の様式であり、それがつまり元型なのである。元型的な影は物語の中では悪魔という象徴で表されたり、あるいは、錬金術師たちによって黒い太陽（sol niger）として表されたりしたのである。宗教的な物語に出てくる恐ろしい女神たちや神々、シヴァやロキやベールゼブブなどはこの元型的な影の象徴である。ユングにとっては人間の中にある、もうそれ以上は何かに帰すことができない破壊の欲求がここでは、問題になってくるのである。ユングは、悪を人間の中に見ることができるのだと信じている唯一の人間だったのだろうか。フロイトもその著書『快感原則の彼岸』の中で全くよく似たことを記述している。第一次世界大戦中の経験に基づいて、フロイトは、人間というものは基本的には二つの本能、二つの欲動に支配されているのだと信じるようになったのである。それはタナトス（Thanatos）つまり死への欲動とエロス（Eros）すなわち生への欲動である。フロイトは他者に対する攻撃性と自分自身に対する攻撃性はお互いに関係しあっているのだということを認めたのであって、死への欲動というのは、私たち自身や他者の死とか崩壊への「あこがれ」なのであり、それに向かって駆り立てられていることなのである。この根本的な破壊の欲求をフロイトは、何か他のものに帰すことはできなかった。フロイトとユングは、私たち自身の中に存在している「殺人者と自らを殺そうとする者」は、まさに実際に存在しているものなのであって、どのような仮説を立ててみても、なにか呪文を唱えるようにして取り除いてしまうことはできないものなのだと認識していたのである。

この現象は若い人たちには非常にはっきりと現れているのだが、そんな若い人たちについて、この現象を研究することによって、その本質にもっと近づいてみよう。しかしこのことを行うには、まず手短におとぎ話の世界に立ち向かうことが必要である。私が前に述べたようにおとぎ話や神話を見つけ出すことは意味のある影の象徴なのである。それゆえ、悪魔と若者が登場してくるおとぎ話や神話を見つけ出すことは意味のあることで、例えばグリム兄弟のおとぎ話の中の『金色の髪の悪魔』の中ではこれがぴったりとあてはまるのである。この物語の主人公は、王女様と結婚するために悪魔の頭から三本の髪の毛を引き抜いて持ち帰ってこなくてはならない。これは他のおとぎ話や神話にも見られるミトローゲム（神話素）なのである。

王女様との結婚は、若い男が全体性に向かって発達することとか、内的にも外的にも女性的なものと合一することに向かって発達することを象徴しているのである。しかし、このことができるようになるには、彼は悪魔と関係を持たなくてはならない。彼は悪魔に個人的に接触しなくてはならない。興味深いことには、悪魔は金色の髪の毛をしている。金というのは光の象徴なのであり意識の象徴なのである。金色の髪の悪魔には太陽の神との親近性がある。だから彼はルシファー神、「光を担っているもの」としても現されるのである。ルシファーは堕落する前には、神に仕える天使の群れの中では一番光り輝く天使の内の一人だったのである。それゆえ、全体性への心理学的な発達は、悪それ自体を意識することによって、つまり悪それ自体と関係を持つことによってしか、可能にはならないのだということを、このおとぎ話は言おうとしているように見える。あるいは別な言い方をするならば、若い男というものは元型的な影と接触することがなければ、それ以上発達することはない、ということになる。興味深いことには、悪魔というものは、それ自体悪であるものを象徴しているにもかかわらず、なおかつ神に仕える僕《しもべ》としても理解される。ヨブ記の中ではサタンはまだ神の息子たちの一人なのである。イザヤ書45章7節では、実際悪魔ではなく悪のことが語られている。「わたしは光をつくり、また暗きを創造し、繁栄をつくり、またわざわいを創造する。わたしは主である。すべてこれらのことをなすものである」(日本聖書協会口語訳)

神話学は、私たちがそれに対して合理的には答えることのできない、心理学的な、哲学的な、そして宗教的な問題に答えを与えようとするのである。説明できないものとか、神秘的なものとかは神話的な象徴の中に現れるのである。若者たちがもっと発達していくためには、なぜ元型的な影と関係を結ばなくてはならないのか、ということを合理的な心理学的な手段で説明することは、たとえ不可能ではないとしても実際、非常に困難なことである。それでもなおこの問題に立ち入ろうとするならば、自分たちの限界を十分に意識していなくてはならない。

私たち自身やこの世界や被造物や神に対する、私たちの人間的な態度には、ある目立った特性がある。私たちはある自由を持っていたいと望み、判断し評価したいと思い、ある立脚点を有していたいと思い、すべてをあらゆる方向から眺めて判断を下したいと思うのである。私たちは知恵のリンゴを食べたアダムとイブのように、何が正しく何が間違っているのかを知りたいだけではなく、私たちが行いたいことを自由に決定することができるということをも望むのである。私たちは自分たちが依って立つところを見出したいと思い、そこから世界や神や人間を判断したいと望み、私たちが生命を賭ける時には、それを多かれ少なかれ自由な意思で行いたいと望むのである。

さてところで、神のつくったこの世界に対して否(ノー)と言うことのできるものだけが、自由に諾(イエス)と言うことができる。破壊する自由を有するもののみが、喜んで世界の方に向かうことができるのである。罪に満ちた破壊的な否(ノー)を言う可能性がないのであれば、私たちのおかれた状態というのは、動物がそうだと私たちが思い浮かべている状態と変わりがないということになるかもしれない。何かを決定するという何らかの可能性もなく、自由のいかなる感じも持たないのであれば、私たちはただ生存の本能に駆り立てられて生きているだけということになるであろう。その時には、私たちには、判断したり意識的になったり決定したりする、どんな可能性もなくなるかもしれないのである。だから、たぶん究極的には、この元型的な影が存在していることが人間の独特な特質なのであろう。

さてしかし、どのようにして私たちは悪魔や破壊性と関係を持つようになるのであろうか。ここで私たちは再度、若者に立ち戻って考えてみたい。なぜなら、若者というのは全く独特なやり方でこの破壊的なことと関わりを持っているように見えるからである。青年というのは子供から大人への移行の時期にいるのである。確かに子供たちも、すでに非常にたくさんの破壊的なものをその中に持っている。多くの子供たちはまるで悪魔の化身のように振る舞うものである。しかし子供の生活している環境全体は、広い範囲にわたって、その両親が持っている特徴を受けついでいるのである。子供は両親から与えられた道具とかイメージとか物事に対する態度を使って、問題と取り組むだろう。だから非常に多くの点で、子供というものは自由ではないのである。大人もまたもちろんのこと、自分たちの両親によって形づくられており、大人の振る舞いは、そのほとんどが両親から譲り受けたものでしかない。しかし他方、実際に心理学的な意味で発達していくためには、まず拒絶と破壊の時期を通り過ぎなくてはならないし、そうしてこそはじめて、両親がもたらしてくれた価値をさらに育てていったり、あるいは新たな価値を発見することができるのである。子供の年代から大人の年代に移行しつつある青年は、努力して自由を獲得するためにも、あるいは破壊の可能性を体験するためにも、悪魔や破壊的なものと関わり合いを持たなくてはならないのである。

ある観点からすると、私は今、元型的な影というものの存在を了解可能なものにしようとしているのであり、そうすることによって元型的な影をいくらかでも無害なものにしようとしているのである。私の行っている秩序づけとか、説明のもつ意味は限られたものである。私たち自身の中のこの殺人者や、自らを殺そうとするものの意味は、部分的には私が試みてきたようにして理解することはできるが、他方、私たちの中のこの暗い一面には、何か説明することのできないものと見なすほかないものがあって、それはそのようなものだと認識して自分を守るよりほかはない。この世界に対してこのように否（ノー）と言うことの目的が、実際に私たちに自由を与えてくれることにあるだけであるかどうか、私たちははっきり言うことができないのである。多くの未開民族の通過儀礼の場合に、若者が破壊的なことを行わなくてはならないというのは、たぶん単なる偶然なのではない。それは彼自身を極めて大きな危険にさらすということであったり、敵を殺したり、殺した敵の頭を持って帰るとか、あるいはその他のそれに類したことをするというようなことである。さて若者が行動する時には、なぜそんなにも自己破壊的であり、自己破滅的でありうるのかということは、私たちにはさほど驚くべきことではなくなったのである。若者たちは悪魔と勝負をしなくてはならないが、決して悪魔と同一化してはならない。若者の自我はある程度、悪魔から離れていなくてはならないし、何がどうなっているのかを知らなくてはならないのである。そして、実際に健康な若者が他の財産を破壊したり盗んだり、あるいはそのような破壊的な行為に参加したりしている時も、通常彼らはごく一時的な実験をやっているだけなのだということを知っている。彼らはその行為が確かに面白いものではあるが、本質的に「悪いことである」ことを知っているのである。

この先、論を進めるためには、ある限定を設けることが必要になってくる。すべての青年が明らかに他人にもそれとわかるように、破壊的に振る舞うわけではないし、必ずしもすべての青年が自殺でもするかのように、危険な自動車の運転をするわけではない。必ずしも皆が他の財産を盗んだり、破壊したりするわけではない。すべての若者は悪魔、すなわち「悪」とか、破壊的なことと関わりを持たなくてはならないのだが、それを行うにはいろいろな方法が存在している。悪を直接実行してしまうことは、そのたくさんある内の一つの道でしかない。それ以外の道の一つは、空想したり、あるいは他の人のファンタジーに自分自身を同一化することである。シラーは青年の時に『群盗』を書いたし、ゲーテは『若きウェルテルの悩み』を書くことでその自殺の欲求から脱したのである。文学は、読者が同一化することができたり、自分の持つ暗い側面と接触することを手助けしてくれる、暗い登場人物に満ち満ちている。映画やテレビや演劇のおかげで、若者たちは、危険なことと同一化することによって、悪魔から黄金の髪の毛の幾本かを盗んでくるという、数多くの可能性を手に入れているのである。

破壊的なファンタジーというものは青年にとっては非常に大きな役割を演じているし、自殺したいという考えや、人を殺したいというファンタジーは、若者には非常にしばしば見出されるものである。青年たちは白昼夢の中では、しばしばものすごく破壊的なことを行う。またある若者たちは哲学することによって、悪魔と接触することもあるし、あるいは宗教的なイメージによって悪魔と接触することもある。しかしながら、ある若者たちは悪魔から幾本かの髪の毛を引き抜いてくるという試みを行う間に、悲劇的に挫折してしまうのである。破壊的なこととか、悪というものは、それ自体はあらゆる人間にとって、何か非常に恐ろしい、そして何か耐えがたいものなのである。それをなんとか会得して、そしてわきに押しやってしまいたいと、皆思っている。それゆえ、青年が悪と対決する年齢に達すると、多くの青年は元型的な影を他者に投影してしまおうとする現象が見られるのである。そこで、大人とか両親とか老人などが悪として、あるいは破壊的なものとして体験されることになる。しかし、いくらか時が経てば、健康な青年というものはこのような投影をしなくなるものである。ところで、破壊的で憎悪に満ち満ちているように見える環境の中で大きくなった青年というのももちろん存在する。母親は、ひょっとしてその青年を拒絶したりしたかもしれないし、小さな時に手放したりしたかもしれない。順調な家庭生活というものは見られず、その両親は子供にとっては恐ろしくて信頼できないまま育ったということであるかもしれない。好ましからぬ家庭の事情のために、彼はたぶん学校でも困難を感じたことであろうし、教師や同級生も彼を遠ざけたかもしれない。たとえ、個々の事情がどのようなものであったにせよ、そんな若者は、それまでの生活から非常にたくさんの破壊的なことを体験しなくてはならなかったに相違ない。そんな彼が青年になって破壊的なことと関わりを持つようになると、破壊的なことを自分の環境へ、あるいは少なくとも環境の一部へと投影することによって、その破壊的なことを簡単に片付けてしまうことがあるというのは、もちろん自明のことである。破壊的なことというのは、今や彼にとっては人間の心の中の統合されなくてはならない部分ではなくて、ただその環境とか、ある特定の仲間の人間とか、社会的な構造を特徴づけているものになるのである。破壊的なものはただ環境の中にだけ見出される。この投影は、それから先のどんな心的発達をも阻害してしまい、社会的な統合を極めて困難なものにしてしまう。何か具合の悪いことが起これば、その都度いつも、環境が悪いせいだと判断されることになるのである。外界に対してや、自分自身に対して彼が行う破壊的な行動も、環境が悪いということのせいにされる。彼の目から見れば、環境が自分には完全に悪意を持って対立してきているのだから、その環境こそが、その若者が破壊的であることの責めを負わなくてはならないということになる。またそれだからこそ彼は破壊的なのである。自己破壊性は次のように説明されるだろう。環境がそれを望んでいるのだし、自分は環境が望んだようにやっているだけなのだと。もちろんこのような態度は、ソーシャルワーカーにとってよく知られたことである。このような青年たちを保護する人々は、彼らのために何でもすることができるし、またしようと試みるのだが、彼らが行うことは何でもすべて、悪意からだとその青年たちには判断されてしまう。このような青年がある職業を世話してもらうと、その仕事を与えてくれるのはそれによって自分を支配し、自分にどんな職業の選択もさせないでおこうという悪意の表現なのだということになってしまう。彼が職を世話してもらうことができないで、自分で職業を探すようにと命ぜられると、それは保護している人たちがその青年を本当は助けたいなどとは思っておらず、彼が職を見つけられなければいいと望んでいるという、悪意ある態度の表現なのだということになるのである。もしこのような青年がむしろ内向的であって、自分の持っている葛藤を部分的に空想の中で、内的に解決することができるのであれば、例えば彼が人を不愉快にさせたり、狡猾であったとしても、社会的にはなんとかうまくやっていくことができるかもしれない。しかし、多くの場合このような青年たちは、自分自身の内的生活を非常に刺激してくれて、空想や象徴を使って自分のもつ問題と対決していくというやり方を教えてくれるような環境の中で育つ幸運を有してはいないのである。それでこのような青年たちは、彼ら自身の内面に起きることを、すべて実行してしまうという傾向をしばしば持つようになる。そして私たちの目の前には、人には無視されているし、反社会的で、あるいは犯罪を犯してしまうかもしれないような、そういった典型的な青年が存在するということになる。それで彼の破壊的な行為というのは、ただ外見上、たまたま破壊的なことに関わりを持つだけの青年が示す破壊的な行為と似てはいるのだけれど、内的にはこの青年たちと全く違うように思えるのである。悪魔と関わりを持つこと、すなわち破壊的なことと関わりを持つことは、彼にとっては悲劇であり、それ自体が悪魔の化身であると見られている彼の環境に、ドン・キホーテのような闘いを挑むことになるのである。この種の反社会的な人たちは非常にしばしば、若い時もそれ以後の人生でも、専門家たちによって不当にも、精神病質者であるとか、生まれながらにして性格的な欠陥を持った人間であるとか呼ばれることがある。ちなみに、一人の大人として彼らがどうにかこうにか家庭を築くことができたとしても、そのような若者はその子供たちに、独特な反社会的な物の見方を教えていくことがあるものであり、その反社会的な見方は子供たちの投影を活発化していくだろうし、子供たちが破壊的なことを自分自身の問題としてなんとか処理していくことを難しいものにすることであろう。この状況が少数民族や種族に属している人に起きた場合、事態は全く具合の悪いことになってしまうのである。

このように慢性的に見捨てられて堕落している状態というのは極めて悲劇的である。というのはある程度心理学的に分化した人でないと、そのような堕落には陥らないものであるからである。無頓着で鈍感な人は、たとえ自分を拒絶していたり、破壊的であったりするような環境で育ったとしても、そんなふうには反応しないものである。またそんな人にとっては、悪とか破壊的なことという現象は少しも大きな悩みを引き起こしたりはしない。若い時には、彼らは全く表面的に悪に触れるだけであるし、それから先になると、まさしく、鈍感にただ生きているだけという生活を送る。子供の時にすでに悪という現象に深い印象を受けた人のみが、大人になった時、そのような致命的な罠にとらわれてしまうのである。彼らは悪に対する闘いを決して放り出しはしない。しかし彼らは、破壊的なことというのは結局は内的な問題なのであり、この内的な問題を外界に投影することは、再三再四、新たな苦しみと哀しみをつくり出すだけなのだということを見ようとはしないので、この闘いを意味のない闘いとしてしまうのである。

分析は失敗するものと運命づけられているのであろうか

前の章では青年の発達に基づいて、影という現象を、特に元型的な影という現象を説明しようとしてきた。この元型的な影は今や分析家にとっては、全く格別に困難なことである。もちろんのことだが、元型的な影はあらゆる人間のなかで青年期以降にもその作用を及ぼしている。平均的で健康な人間なら、再三自分自身を破壊するような傾向とか、攻撃的な傾向に陥るものである。彼は自分が築きあげてきたものを自らの手で破壊したり、彼にとっては好ましいものであるはずの、大切な人間関係を維持していくことを怠けたり、家族や友人たちを苦しめたりするのである。あるいは、彼は自分の破壊的なことを周囲の人々のせいにしたりする。精神療法家はこの元型的な影との関係では、全く特別運の悪い状態に置かれていると思う。私はこの本のずっと前の方で、心理学的な法則というものを示したのであるが、それは、私たちが何かある明るい物のために努力すればするほど、それとは反対の暗い物が布置してくる、というものであった。自分自身が意識的であろうと努めており、患者を意識的にさせることによって助けていこうと努力している精神療法家にあっては、あらゆる無意識的なものが平均的な人間より、いかに強く布置しているかということを、その時私は示唆したつもりである。逆説的に言うならば、精神療法家が意識的になればなるほど、彼は無意識的になっていくのである。暗い部屋の一隅が明るく照らされれば照らされるほど、その他の隅は暗やみの中に閉ざされるのである。

あらゆる人間にとって一番難しいことというのは、元型的な影の働きに関して、自分自身が持っている、自分自身以外のものに対する破壊的な傾向を意識することであり、それを単に投影するだけではなく、自分自身の中に体験することなのである。そしてある観点からすれば、そのように無意識的な人間としての精神療法家は、とりわけ他の人よりも、もちろん一層強く元型的な影に支配されている。もっと言うならば、精神療法家の意識的な目的は、人を手助けすることなのであり、最終的には、人々をその破壊性から自由にすることをねらっているのである。精神療法家はだからこそ、毎日八時間も、彼が、健康と生きていることの喜びに連れもどしてやり、破壊的なことから遠ざけてやりたいと思っている人々と会いつづけるのである。しかし、これはある観点からすれば過大な要求である。よかれと願う意志は、それと同じくらいのよこしまな意志を、またおそらくそれと同じくらいの破壊的なことを無意識の中に布置しているのである。

この理由から、精神療法という職業の持つ危険が予見されていたのであり、それゆえにこそ精神療法とか分析という一種独特な仕事がはじめられるようになる前には、基礎的な教育分析が必要とされているのは正しいことなのである。さらに精神療法家には、その患者について詳細で鑑別診断的なやり方で、神経症的なものと精神病的なものを検索し、あるいは発見できるように心理学と精神病理学の膨大な知識が要求されるのである。しかし、まさにこの知識と自分のことはよく知っているという思いこみとが分析家を惑わせて、客観的で冷静なやり方で、患者に見られる破壊的なことを探求する一方で、自分自身が持っている暗い側面をその客観性によって切り捨ててしまい、その暗い側面をますます患者にだけ見るようになってしまうのである。

精神療法家は毎日毎日、結局私がすでに述べたような、個人的な影とか普遍的な影とか元型的な影が荒れ狂っているような、人間の異常な行動を見ているのである。精神療法家のもとをたずねてくる患者たちは、まさに彼らがしている、他の人にとっても自分にとっても破壊的な振る舞いでもって助けを求めているのである。精神療法家のまわりで毎日のように起きていることというのは、例えば、元型的な影がつくり出すようなもので満ちている。そこでこの影の働きを、前の章で話してきた常に放ったらかしにされている若者のように、ただ自分の周囲の人にしか見ないということも起きてくるのである。その働きをさらに研究していく力がもう自分にはないというくらいたくさん、自分のまわりにその影の働きを見出すのである。

さらに問題となるのは、多くの精神療法の学派が、元型的な破壊的なことと対決するのを避けようとする傾向を非常に強く持っていることであり、むしろそこでは心理学から自然科学をつくり出すという試みがなされるのである。精神療法の進め方は技術的に処理できるものであると信じられていて、自分自身や他の人の心理学的な事柄は、あたかも化学者が化学反応の過程を追求するようにして、客観的な観察者として研究できると思われているのである。例えば、フロイトの弟子たちにとっても、フロイトが死への欲動として記述したものを自分の中でくり返しくり返し探求するのはあまり気の進まないことである。なぜなら、それはやはり恐ろしいものなのであるし、客観的な科学的な態度を破壊してしまうかもしれないからである。また、ユング的な方向を持った精神療法では、確かに影の問題に大きな注意が注がれはするのだが、しかし影の中ではしばしば個人的な影と普遍的な影だけが、つまり個人的な理想とか普遍的な理想の持つもう一方の側面だけがその対象にされるのである。元型的な影には、ここでもたびたび立ち寄ることなく通り過ぎてしまうのである。

私がこれまで述べてきたように、精神療法家というのは、全く困難で危険な心理学的な状態に置かれている。どんな側面から精神療法家の問題に狙いを定めたとしても、またもくり返し私たちは極めて困難なことにぶつかってしまう。精神療法家が医者の基本的なモデルに支配されている場合には、「治療者―病者」元型の一方の極を抑圧してしまい、患者にそれを投影するという試みに引きずられてしまう。彼は医者がよくやるように、力を行使することによって、再度この元型の分裂をくいとめようとするのである。そして、「治療者―病者」という対極性は、「意識―無意識」という対極性によってもさらにはっきりしたものになる。無意識は患者に投影され、患者に意識をもたらしてやらねばならないのは分析家であるというので、分析家は自分が特に意識的なのだと思ってしまうのだが、それは不当なことである。しかし、たとえ部分的であっても真の意識化ということが起きてくるならば、抑圧されたものが無意識的なものの中でますます暗いものになっていくのを止めることはできない。光が強くなればなるほど影は黒くなっていくのであって、この暗やみの中で、精神療法家が親密な関係を保っている牧師や医者の黒い兄弟、すなわち偽りの預言者とか、いんちき医者がのさばることになるのである。この心理学的な状況は元型的な影が働くにはおあつらえ向きの場所となる。それ自体破壊的なことになるのは、今や元型の分裂とか、いんちき医者とか偽りの預言者とかいった黒いイメージを利用することになるからである。それだからあらゆる側面から分析家は脅かされることになる。

読者はゆっくりと自問することであろう。一体精神療法という大胆な試みのすべてが、本来最初から失敗するものであるという宣告を受けているものなのか、あるいは、分析が心理学的に有益なものであるのかどうか、ということだけが問題になっているのかと。入念な教育分析を受け、その後は再三再四自分の無意識を検索しておれば、治療の大家としての地位に到達することができるという慰めを、これまでこの問題を意識してきた多くの精神療法家たちに与えてきたという素朴な確信が、私たちにはもはや確固としたものには見えないのである。私の同僚たちの間でもあちこちで、例えば、もし精神療法家が注意深く自分の夢を書きとめて、それを研究するならば、これらの危険はすべて避けることができるはずだという意見があるのを耳にする。この議論のずるいところは、この場合、夢はそれを見た人自身によって解釈されることである。しかし、夢が何を言わんとしているのかを理解するための体系とか、客観的な技術などは存在しないのである。夢の解釈はある創造的な、ほとんど芸術的とすら言えるほどの行為なのである。夢の解釈は結局のところ、解釈する人と深い関わりを有している。老練で経験を積んだ精神療法家というものは、時とともに自分の夢を自分の願望に従って解釈するだけの技能を伸ばしていくものである。影の現象は、それが自我にうまく適合する時にだけ眺められる。もし影の現象を眺めなくてはならない時には、分析家は、あるいはそれを明るい側面として理解しさえするかもしれない。

私の論述はだんだん悲観的なものになってきた。それにしても、私の論述が正しいことは、精神療法家の中で行われている数多くの辛い内的な闘いによっても確認できる。精神療法家の内的闘いは、ごくまれに原則から遠く離れ、非常に無意識的であり非常に破壊的なやり方によってはじめて解決されたりすることがあるというようなものであって、教育分析を受け、公式的にはほとんど完全に意識化されているということになっている精神療法家たちのところで解決されるものではない。精神療法が、あるいは人間の心の深層の分析が、不可能を目指している冒険だとしたら、この壮大な実験は失敗することになっているのだと、見なされなくてはならないものであろうか。分析家はその企ての中で敗れ去るに違いないものなのだろうか。

分析は助けにはならない

前章の終わりで示された問題には、まずはじめに、次のように答えることができる。この本では、私は精神療法という職業の持っている、極めて困難な問題の、ある一側面を示そうとしているのであると。それでこの職業に全く独特な形で存在しているプラスの可能性はこの本には示されていないのであり、だから精神療法のイメージはあまりにも暗いものに見えるのである、と。分析家を脅かしている、これらのありとあらゆる大きな危険にもかかわらず、非常に多くの精神療法家たちが優れた仕事をしており、数知れない多くの人を重い苦しみから解き放っているというのは自明のことである。確かにその危険に対処するだけ十分には成長しておらず、障害を引き起こしている治療者も存在する。しかしだからと言って、この職業の価値が疑わしいものであるとされなくてはならないということはない。私はこの本の中ではただ単に危険に注意を向けようとしただけではなくて、危険に出会う可能性についても、注意を向けようとしたのである。この本のはじめの方で、分析家や患者の中に、分析の効果的な進行を妨げようとしている力がどのように布置されるものであるかということを私は示した。そしてまた、それゆえ分析家にとって、自分自身やある意味では患者に対して、開かれた誠実な態度をとることが、いかに必要不可欠であるかということを示したし、またそのことによって、このマイナスの現象を、精神療法家と患者が一緒になって克服していくことができるのである、ということも示したのである。このことはたぶん、破壊的なことと対決し克服してゆく上での手掛りともなるかもしれないからである。しかしこの可能性というのは確かに限られたものである。

精神療法家の大きな災いというのは、彼がいつも一人で歩いていかねばならないということである。ほとんどの精神療法の学派は、教育分析の必要性については、確かに非常に厳格であり、またさらには、経験の浅い分析家は、その仕事を、もっと経験を積んだ同僚にコントロールしてもらうことをも、必要なことであるとしているのである。だがしかし、最終的には分析家は分析の仕事においては、完全に自分だけが頼りなのである。彼と患者だけが、分析の時間の間に何があったのかを知っている。次第に彼は塔の中に閉じこもって暮らすようになるし、多くの分析家は患者と一緒にいてもなお一人っきりである。精神療法家の仮面を貫いて、彼の人格に突進しようとし、あるいは事情によっては精神療法家を攻撃しようとする、患者のあらゆる試みは退けられてしまい、それは患者の持っている問題なのだというように理解されてしまうのである。多くの精神療法家の生き方とか理論的な見解の中には、彼らが患者たちによっても、もはや問題にされなくなってしまうようなものが存在している。C・G・ユングはこれに対しては、いつも非常にはっきりと、分析の過程というものは相互的なものでなくてはならないと強調している。分析家は患者に働きを及ぼし、患者は分析家に働きを及ぼすのである。しかし、ユング派の分析家といえども、分析関係というのは非対称的な関係なのであり、分析家が年をとっていればいるほど、経験が豊富であればあるほど、その関係はますます非対称なものになっていくという事実から免れるわけにはいかない。分析家が年をとり、経験を深めていけば、分析家の心の中の出来事に対する患者の反抗ということも、どんどん小さなものになっていくのである。こちらには健康な医者がいて、向こうには病気の患者がいる、という元型の分裂は、対話を徐々に困難なものにしていく。患者が自ら述べたことは、分析家自身の手によって分析家が本当のところは決して触れることのできない、全く別のものになっていく。もちろん分析家の中には、元型を分裂させていない、真の意味での「傷ついた治療者」もいる。このような治療は、いわば持続的に患者によって分析を受けているのであり、透視されつづけているのである。彼は再三再四、患者の問題がどのように分析家自身の問題を布置し、あるいはまた彼の問題がどのように患者の問題を布置するのかを見るのであり、それゆえ、患者に対してだけではなく、自分自身に対しても開かれた態度で仕事にたずさわる。彼自身もまた、患者でありつづけるのである。しかし残念なことには、このようなことはほとんどないし、分析家はますます「ただ治療者であるというだけ」の偽りの預言者の役割や、無意識のいんちき医者の役割を果たすだけのことに陥ってしまうということが多すぎるのである。

ここで分析家は一生の間、同僚によってその仕事をコントロールしてもらわなければならない、というような要請が起きてくるかもしれない。コントロールという言葉はもちろんよい言葉ではない。大体、自分の訓練のために仲間の分析家に監督してもらう分析をいう、コントロール分析にしてからが、その意味は全く疑問なのである。例えばどんなに真面目にコントロール分析を受けている若い分析家でも、自分が行っている分析の間に起きたすべての言葉とか、すべての感情とか動きを、コントロールしていてくれる分析家に伝えることなどできはしない。そこで彼は選択を行いはじめるのだが、その若い分析家が自分を監督していてくれる分析家にどのような印象を与えようとしているのかによって、その選択は決まってしまうのである。その上、コントロールしている分析家が、例えば患者の夢を全く理解することができないということも起きてくる。なぜなら、患者の夢というのは、たぶん患者に対してだけではなく、その患者を分析している分析家に対しての報告でもあるのだが、しかし、分析家の監督をしている分析家に対する報告ではないからである。分析というのは局外者にとっては非常に難しいものであって、局外者の個人的な公式にあてはめていては、分析の間に起きていることをすぐに誤解してしまいそうなほど、それは個人的なものである。コントロールしている分析家の助言というものは極めてしょっちゅう間違っているものなのである。私が記述してきたすべての危険は、確かに治療と関係しているのであり、弊害を引き起こすことがありうるものなのである。しかし危険は常に、分析家自身の個人的な発達全体と関わり合っているのである。それだから結局、くり返し分析家を個人的に揺り動かし見透かす手段・方法を見出すことが大切になってくるのである。

そこで分析家はくり返し新たに、教育分析に立ち戻らなくてはならないという要請が確立されている。それに対しては大変多くの反対意見もある。非常に大きな都市ででもなければ、政治的意見で紛糾しあうことがなく、職業組織の中でも、学問的な領域でも、意見の違いから無用に紛争しあうこともないような、同じ学派に属している分析家を見つけることは非常に困難である。高い地位にある人は、自分と同じような高い地位にいる同僚に対して、とらわれなく話をするなどということはほとんどできないことである。競争しあうという可能性があまりに大きすぎるので、実際に真剣に関わり合いをもつなどということは妨げられてしまうのである。はるかに年若く、仕事をはじめたばかりの同僚のところへは、年配の人は行く決心がつかないものである。他方、教育分析とコントロール分析を終えてしまい、今自分の仕事をはじめたばかりの年若い分析家にとっては、これからも年配の同僚に分析を受けつづけなくてはならないというのは、ありがたいことではない。その中には、彼が永久に生徒としての役割に固定されてしまうという危険が含まれているのである。結局、基本的には、分析家という職業の持つ危険に対して、自分がさらに分析を受けることによって立ち向かっていこうとするこのような努力は、大体のところが、ほら吹きミュンヒハウゼン男爵の用いた戦術のように、私には大変疑問のように思われる。つまり、ぬかるみにはまりこんでしまった自分と馬を、自分の後ろ髪をつかんで空中にひっぱり上げるというような努力が行われているのである。私が先に述べた、あらゆる暗い現象は、このようにさらに分析が行われることで、再び布置してくるのであるし、あらたな紛糾が起きてくるのである。多くの分析家は、分析の仕事の中での影の問題から、くり返し苦心して抜け出してくる力を持っているものである。しかし実際には時として、皆この問題の犠牲になってしまうのである。それどころか少なからぬ数の分析家が、年月の過ぎゆく内にますます自分自身の影にまとわりつかれてしまうし、いろんな所で分析を受ければ受けるほど、影から働きかけてくる力は強くなるのである。

同様に、仲間のグループと一緒に症例について討論することには、極めて限られた意味しかないのである。このような枠組みをもった症例検討会に、すでに出席したことのあるような人なら、このような場では分析という仕事の中心になっていることが、いかにわずかしか触れられることがないかということを知っている。このような学術的検討会に出席する人は、同僚の前でなんとかしてうまく発表してみせようと努力するもので、同僚と一緒にいるという状況は、同時にいつも同僚間の競争心を布置するものである。時に、このことが非常に奇妙な形をとることもある。ある分析家は特に熟達した分析家としてその場に居あわせようとするかもしれないし、そこで彼は自分が呈示する資料を意識的にか無意識的にか、この目的に応じて選ぶのである。また他のある分析家は真面目で誠実で自分自身を非常によく見通していると、他の人の目に映るよう努めるのである。そうなるとかえって、実際の仕事の場での姿よりも、もっと拙劣な分析家であり、もっともっと無意識や影にとらわれているというようにすら、自分を見せることになる。このような臨床検討会では、資料の中に含まれている、一般的な問題しか論じられない。また精神療法家たちが経験を増すためにつくるグループというものにも限られた価値しかないのである。このような集まりに参加する人の持っている分析の盾はあまりにも強固なものなので、何物によっても打ちくだかれることはない。

ここでも再び私たちは岩の壁に直面しているのである。患者たちの対決の中で――それは自分自身との対決にもなっていくのであるが――事実たくさんの精神療法家たちが、職業上の危険から身をかわすことができている事実を、私はくり返し強調しておかなくてはならない。しかしまた、たぶん非常に多くの人は、それが全くできないでいる。そしてこのような人たちは皆、新たに分析を受けたり症例の討論をしたりするというように、思いつく限り可能ないろんなやり方を試みてみたりするものだが、そんなことをしてみても、今以上に助けになるわけではない。ところで、患者は苦しんでいる人間として分析家のもとを訪れ、分析家に非常にしばしば助けられるものである。そして患者は治療が終結したあとで、自らの力でもっともっと健康になっていくことができるようになるものである。そして時には非常に長い間治療を受けつづけなくてはならない精神療法の症例というのもある。そのような場合には、患者が心的に発達していくのを促進してやるというのではなくて、持続的に彼が陥るかもしれない挫折から守ってやるということが重要になってくるのである。ここでも精神療法家というのは頼りになるものである。しかし精神療法家である彼自身が、職業的な影の問題の中に巻きこまれている時には、なんの助けにもならないように見えるのである。

おそらく今日では、分析家の職業の埒外にある治療可能性に対しては、極めて控えめな見方をすることが適切なことなのであろう。その職業の埒外にある治療の可能性が、分析家を悲劇的な事態の紛糾から守ってくれるかもしれないのだが……。心理学的な発達を促進したり鼓舞したりするためには、あたかも分析こそが最高のものであるかのように、分析的な手法で精神療法家を助けようと努力することの根底には、ある精神療法的、分析的な自我の膨張（インフレーション）が存在しているのであろう。そしてここでは、心理学的な発達ということが問題になっているのであって、例えばノイローゼが治ることとか、それと類似のことが問題になっているのではない。精神療法家が自分の影の中に巻きこまれているということは、これは病気ではないし、治療者はそのことで直接苦しんだりなどしなくてもよいのである。確かに、彼は患者をあまり助けることはできないかもしれないし、彼自身人間として、そんなに面白い人間ではなくなるかもしれない。しかしながら、フロイトによってつくり出された精神分析の言葉を用いるならば、この影の罠にかかるというのは同時に、自我防衛の主たるものであり、苦しみや苦労を非常によく免れさせてくれるものだ、とすら言われることがある。元型的な影の意味での破壊的なものや無意識などは、何よりもまず分裂した元型の力によって、もはや精神療法家の問題ではなくなってしまうのである。精神療法家は、その破壊的なことを厄介払いしてしまい、投影することによって経験はするのだが、大方から言えば、内的な平和のようなものを満喫するようになるのである。そして、そのような「熟達した」精神療法家の家族とか、親しい友人がしばしば目立って当惑したり混乱したりしているということの中に、かろうじて、分析家の心の中にある何かしっくりいかないものを見出すだけになるのである。

困難なことの解決は心の中からは現れてこない。分析家が自分自身を分析すればするほど、自分の無意識の表現を追求すればするほど、彼はものが見えなくなっていくのである。彼はいつでも、ただもうすでに自分が知っていることしか見ようとはしないのである。彼が持っている盲点は、彼の本質の決定的に暗い領域を、彼には見せないようにしようとすることであり、あるいは仮に、彼がそれを知的に把握したとしても、自分自身に関するその知識が、彼を心から揺り動かすには至らないのである。

エロス

治療者が悪魔の輪から抜け出すためには、何かあるものと対決しなくてはならないのである。それは彼が心の奥底で出会う何物かなのであり、くり返し彼の心の平衡を、分析とは違ったやり方で、――というのも、分析的な手法というものには彼はあまりにもよく精通しているわけだから――失わせると同時に彼を奮い立たせる何物かなのである。そしてそれは、彼がどんな人間であり、いかに弱々しく、大げさであり、いかに思い上がっていて、その力が限られたものでしかないかということを、再三再四彼に示す何物かなのである。ソクラテスが友情を称揚したというのは、確かに単なる偶然ではない。私の経験とか意見によれば、精神療法家の混乱を和らげてくれたり、あるいはすっかり解決してくれたりすることのできる何物かとは、何よりもまず友情である。それはちょっとみた時には、まさにありふれたことのようにみえるのだが、このありふれたことが、いかに多くの分析家たちによって、しばしば見過ごされているかということは奇妙なことである。友情、それは自分と同じような人と、愛情をもって激しく対決することであり、攻撃され、そして攻撃することであり、相手の感情を害したり、自分の感情が害されたりするといったことであるのだが、このようなことはすべて、当の人たちの精神の核心に再三再四ぶつかってくるものなのである。分析家に必要なものは対等の関係なのであり、彼に太刀打ちできるパートナーたちとの関係なのである。友人というのは、分析家をあえて攻撃もするものだし、分析家の笑止千万なところも有能なところも指摘するというようなことも、あえてしてくれるものなのである。これは同性同士の友人の間でのことである。同じような類の、分析家の心を奮い立たせてくれるような関係は結婚した相手との間でも演じられるのである。分析を受けるという方法で自分を確立しえない人は、その人の発達の大部分を、濃密な人間関係の中で進めているのである。それは分析家の場合でも事情は変わらないのである。

これが多くの分析家たちにとって、どれほど難しいことなのかということを見ると、それはあきれるばかりである。確かに彼らは、それまでの彼らの患者の中から、いわゆる友人をつくろうとはするが、実際には分析が終結した後でも、患者との関係では同等の立場をとりはしないし、それは一方的なものである。分析家のかつての患者であって今は彼の友だちになっている人は、分析家の防衛線を超えて自由になることはない。多くの分析家は強い友情を育んでいるのだと主張する。しかし彼らは実際には、弟子たちをまわりに集めて自分を敬慕させているだけである。数多くの分析家は自分の家族を知っている同僚の心理療法家からも身を引くというようなことをしている。そして、彼らは自分の妻や子供を、ある意味ではアナリザントのように見なしはじめ、彼らに対してもアナリザントに対するように振る舞いはじめるのである。また他の分析家は実際に存在している真の友情を、分析的な関係へと変形させてしまうことによって、真の友情を破壊してしまうのである。つまり彼らは友達関係の基本的な問題を、分析的な、あるいは心理力動的な公式によって回避するのである。しかし、強烈に体験され、そして強烈に苦しめられもする友情こそ、多くの分析家を再三分析家自身の暗い面、つまり、分析家が持つ破壊的なものとの解決しがたい紛糾から救ってくれているのである。友人同士の間には憎悪と愛が往還しているものである。愛はプラスの可能性のまわりを巡り、憎悪はマイナスの側面のまわりを巡るのである。

自由に成長しつつある子供たちも分析家の影をつき通して、その影を明るみに引きずり出すことがある。子供のない治療者の悲劇というのは、――またこのような分析家も非常にたくさんいるわけだが――自分の子孫がほしいという、自然な欲求が満たされないことにあるのではなくて、子供から挑戦を受けることがないということにある。

友人も持たないで分析活動をしていて、こわばった態度にも陥らず、世の中からも閉じこもらないでいることができるためには、分析家は心理学的に、特別大きな天賦の才能を持っていなくてはならない。しかしながら、たぶん友情という言葉は何かしら少し狭すぎるかもしれないので、あるいは次のように言うのがよいのかもしれない。つまり、分析家は分析の仕事以外にもエロス的な関係を必要としているのだと。ここでは人間の発達の基本的な問題それ自体が問題になっているのであり、一生の間、開かれた心を持ちつづけながら生き生きと暮らしていく、という困難なことが問題になっているのである。つまりここではユングが、くり返しくり返し取り扱った個性化という領域が問題になってくるのである。ここでもう少しそのことについて詳しく話さなくてはならない。

個性化

C・G・ユングの論文から、精神療法という仕事には二つの関心事があるということが引き出されてくる。第一には患者が神経症や精神病から治るということであり、今一つはいわゆる個性化ということである。ユングは、ほとんどの治療というのはせいぜいのところ病気の治癒ということで終わりを告げるものであり、個性化というのは治癒とは別の事柄なのであって、自動的に治癒にひき続いて起きてくるものではないという意見を持っているのである。個性化を手短に規定したり、記述したりすることは極めて難しいことであるが、個性化ということが把握できるようにするためには、比喩が不可欠である。そこでは人間の生活の充足とか、個々の人間の人生の計画とか体験の意味などが問題になってくるのである。個性化というのは、苦労さえすれば手に入れることができ、いったんそれが手に入ればそれから後はしっかりと持ちつづけていることができるというような代物ではないのである。修辞的な言い方をするならば、個性化というのは象徴的な「黄金の都市《まち》への旅」というように表されるものである。ありふれた物質を金に変えようとする錬金術師たちの努力や、賢者の石を捜し求めることなどは、物質に投影された個性化のシンボルなのである。賢者の石というのは決して発見されはしないのだし、全く同様に、ありふれた物質を黄金へ変える処方なども発見されることはないのである。

持続的に何かを捜し求めることとか、その都度決して到達されることのない目標を予知することなどが問題になるのである。C・G・ユングはこの過程について、一般化した表現で言ったりはせず、もっと具体的にその現象の手掛かりをつかもうと努力したのである。例えば彼は次のように主張する。すなわち、この点に関しては、人間の持つ矛盾を体験することとか、その矛盾を放棄するのではなくて、より高い次元で統一するということが非常に重要になってくるのであると。例えば、王と女王の結婚という、錬金術のシンボルが、この意味で理解されるのである。チベットの修業僧たちが瞑想のために使った図であるマンダラは、――そこでは極めてさまざまな対比が中心のまわりに描かれているのだが――象徴的に個性化の目標を表しているのである。宗教的な言葉では、個性化の過程というのは魂の救いという比喩で理解される。ある人自身の魂ができるだけ全体として体験されることとか、この意味で、その人の存在そのものが十分に体験しつくされ、受け入れられ、肯定されるということが大切になってくる。個性化ということを進めないでおこうとしていることは、硬化した物の考え方であり、世の中から閉じこもってしまうことであり、自分自身や世界に対して開かれた態度をあまり持たないということである。個性化の道というのは奇妙で独特なものである。それは病気や健康を貫いて通っていて、幸福や不幸の中を通り抜けて伸びていくのである。個性化ということでは、人間の中の聖なる火花と関わり合いを持つことが重要になってくる。そこでは自我は自己に従属するのである。

個性化は精神的な世界が狭まることとは結びつかないものだから、人間のもつ基本的な事実は、たとえそれがいかにいまわしいものであったとしても、とり入れられなくてはならない。影であるとか、それ自体破壊的であるというようなものも、なんとかして見つめられなくてはならない。死との対決ということも起きてくる必要がある。C・G・ユングの著作の中には、個性化というのは人生の後半に起きてくるものであるという考えが部分的に現れている。彼はその考えを独断的に主張しているのではないが、彼の弟子たちのある者はその考えをドグマにまで高めてしまっているのである。

深層心理学的な分析では夢や夢以外の無意識の表出というやり方で個性化の過程が示される。そこでは分析を受けている当の人が、賢者の石を捜していたり、黄金の都市への途上にあったりするということが確認されるのである。私の分析の経験から言えば、個性化の過程というのはどんな年代でも現れてくるように思われる。例えば、青年たちにおいても、私は非常にしばしばこの過程を観察することができたのである。青年たちの多くは、神や死や悪魔と闘っている。彼らは人間存在の対極性全体に対して、完全に卒直に、打倒されることとなく相対しているのである。彼らは心理学的に、自分自身の人間としての本質の奥底へ突き進んでいくのであり、神により創造された森羅万象の奥底へと突き進んでいくのである。青年たちの夢の中に、私は個性化と自己の発見の象徴を認めることができたのであり、それらによって青年たちがどのように影響を受け、あるいは対決したのかということをも見ることができた。ある程度年をとった人だけが人生の核心に到達することができるという考えは、注意深く観察してみれば奇妙なものに思われてくるはずである。人間の歴史の大部分を通じて、人は若くして死んでいったのである。今日でもなお、開発途上国では人口の大部分は四十歳以下である。ただ運のよい人だけが、三十年か四十年以上の間、この世に留まることが許されるのだというのが実際本当だとしたら、真の人間的な使命をまっとうするというようなことは、一体可能なことなのだろうか。そしてまた男女を通じて、人間の創造的な作品の非常に多くは、四十歳以下の時に生み出されているのであるということも、しっかりと考慮に入れておかなくてはならないことである。

個性化の過程には、宗教的な発達と、ある類似性が見られる。しかし四十歳以上の人だけが、宗教的な内省や宗教的な態度に卒直に相対することができるのであると主張することが間違っていることは自明の理である。C・G・ユングの著作の中ではほのめかされているだけなのだが、彼の弟子たちによってドグマにまで高められてしまった、次のような考えは、最初一瞥した時には何かそれ自体魅力的なものを含んでいるように思われるかもしれない。その考えというのは、若い人の課題というのは外的な世界に打ち克っていくことであり、職場においてもなんとか仕事をこなしていくことであり、家庭を築きあげていくことである。一方年配の人の課題というのは自分の行うあらゆる行為の意味を問いかけていくことである、といったような考えである。そのように考えると、人生というものはある秩序を持っていて、プログラムに従った進み方をするものだということになる。これはある種の研究のモデルのようなものになる。おそらくこのような私たちの考えは、ここでは確かに、今まで通ってきた学校とか大学で研究していた時期の考え方に、あまりにも強く影響されているのであろう。自己に接近することはどんな年齢でもできることなのである。一六歳の少年でも個性化の道を非常に遠くまでたどることができるであろうし、一方六十歳の老人は、あるいは賢者の石を捜すということを完全にあきらめてしまっているかもしれない。一生の間、私たちは自分の本質という核心に近づいていき、そして離れ、また再び近づいていくということをくり返すのである。持続的に行ったり来たり、登ったり降りたりしていることが重要なのである。それゆえ、自分はもう個性化ということをなし遂げてしまっていて、いわば「救われてしまったのだ」というふうに言うことができる人などは、未だかつていたためしはないのであり、それゆえ当然ながら、どんな分析家もまた、そのように言うことなどできはしないのである。

誤解を防ぐために、この個性化という過程では、精神や魂の健康ということと平行して起こる現象が重要なのではないということを、今一度強調しておかなくてはならない。精神病的な症状とか神経症的な症状などは全く持っていないにもかかわらず、個性化という過程とはほとんど接触することがないという人もいる。自我というものは、人間存在のもつ大きな問題や不安に対して、有効な防衛の機構をつくりあげることができるほどには、十分強力なものである。死というものも誰か他の人に起きることであって、さしあたっては関わり合いになる必要はない何物かなのであるとして、わきに押しやられてしまうこともありうる。非常に強力な自我は、基本的には自分を脅かすようなものとは一切関わり合いになろうとはしないで、例えば死のように変えることができない恐ろしいものとは、原則として関わり合わないという実際的な人生観を盾にとって、その背後に隠れてしまうということも起こりうる。影の問題というのは、非常にたやすく抑圧されてしまったり、他の人に投影されてしまったりする。私たちの非常に深い不安というものは生活の忙しさということによって、わきに押しやられてしまうものだが、それはそれで成り立っているのである。部分的な目標を設定し、それに至る努力をすることで、全体的な意味に相対することを避けるということも起こりうる。このような部分的な目的というのは、金を儲けることであるとか、家族に対する義務を果たすことであるとか、ある社会的な地位に到達することであるとか、社会機構の中に摩擦なく参加していくこととか、仕事を誠実に行うこととか、身体的な健康を保持するといったようなことである。

個性化の過程を活発化する非常に多くの可能性が、自分にも他の人にも存在しているのは自明のことである。C・G・ユングの著作や、彼の弟子たちの著作から、分析というのは個性化を進めることに至る一段と優れた現代的な道であるということが明らかになるのである。分析家と二人で無意識の表現と注意深く関わったり、この表現に対して肯定的な態度をとろうと努力したり、自分の生活を分析心理学の知識に従って理解したりすることは、決定的に重要な意味を持っている。この意味で、人生の後半に入っていて、それまでずっと分析に関わってきていて、自分自身をも再三再四、分析心理学のカテゴリーで理解しようとしている分析家は、とりわけ自分が、いわば個性化の専門家であり、あらゆる場合に個性化をなし遂げようとしているのだと考えはじめたりするのは、自然なことである。この自我膨張的な態度をとっていると、彼は患者によってもさらにそれが補強されていくことになる。そして、いろいろな理由から患者たちは、分析家の中に、単に精神的に健康だというだけではなくて、個性化の道程においてもとりわけたくさんのことをなし遂げてきている何者かを見たがるものである。患者たちは誰でも、治療の時には、全知全能の魔術師のところにいたいと思っているからである。

ユング的な方向をもった分析家は特に、手放しで自分を重大視していく傾向に陥りやすいというように見えるかもしれない。「個性化」とか「人生の後半」という考えはとりわけユングの心理学では大きな役割を演じているのであり、それは私が記述してきた意味で危険なものになることがある。しかし本当はそうではない。個性化という考えが彼にとっては何の意味も持たないし、彼にとっては分析は精神の健康に至る道の一つにすぎず、形而上学的な仮説にほかならないようなものはすべて拒絶してしまうというようなユング派に属していない分析家も、彼なりの仕方で、分析から治療に至るただ一つの道をつくりあげることはできるのである。自分が信奉している心理学や治療法の中にこそ、人間の解放への道が見出されていると彼らは信じているのである。世界的に有名なあるフロイト派の分析家が、かつて私に、全く真面目な調子で次のように説明したことがある。第二次世界大戦の前に、ドイツにもっとたくさんの精神分析家がいて、フロイトの学説が人々の意識にもっと深く根ざしていたら、第二次世界大戦はあるいは起こらなかったかもしれないと。どのような派の分析家たちも皆、自分たちは人間の最も深刻な問題を解く鍵を発見したのかもしれないと信じていたいのである。この自我の膨張は精神療法的な仕事をしていない精神科医をもとらえてしまうことがある。人間の歴史の中の重大な出来事を、精神病理学的なカテゴリーに還元していこうとする試みが、いかにしばしば行われていることであろうか。そこで、キリストは妄想的なマゾヒストの典型であるということになり、聖人たちは性的神経症者であるということになるのである。

多くの分析学派は精神的な健康と個性化の間の違いを認めようとはしないものだが、そのことによって「預言者的な自我の膨張」に陥ってしまうという危険は、あるいはますます大きなものになってしまうかもしれない。過去に幾例かの治癒した症例を持っている分析家は、ただそれだけで、自分は人が魂の癒しに至るのを助けたのであると信じてしまうかもしれないし、少なくとも、魂の癒しに到達させるには、どのように手助けしてやればよいのかを知っているのだと信じてしまうことであろう。結局彼の場合も精神的な健康ということと個性化ということは別々のものなのである。この二つのことが別々のものだということを見ないために、この二つの概念が内的に、心理学的に融和するということが妨げられるのであり、またこうして彼は預言者的な自我の膨張に陥っていくのである。

孤立無援の精神療法家

優れた仕事をしてきており、その専門の領域では理論的にも実際的にも熟達している精神療法家で、もう人生の後半を歩んでいる人に私たちは今ゆっくり考察の的を絞ろうとしているのである。すなわち、分析そのものや、分析の合間に用いられる知識は彼の中でますます重要性を増していく。ユング派の分析家にとっては、この分析というのは単に精神的な健康に至るための王道であるだけではなくて、魂の癒しに至る大道でもある。ユング派に属していない治療者にとっては、あらゆる問題は、それが解決できるものである限り、分析的な知識に基づいて解決していくことができるものである。すべての関係、友人関係や家族の輪や、芸術や、社会的な生活というようなあらゆるものは、分析的な心理学的な事柄へと集約されていくのである。分析家は実存主義者のいう意味では、存在に対してもはや卒直に開かれた存在ではなくなってしまい、彼は象牙の塔の中に閉じこもってしまい、ただそこから世界を経験するだけになってしまう。そして私がこの本で描写しようとした悲劇的な発展が始まる。蛇がしっぽから自分自身を呑みこみはじめるように、分析家はますますその影の現象に呑みこまれていくのである。分析家としての彼の能力はますます衰えていくのだが、彼は自分の力が大きくなっていっていると信じているのである。ますます彼は自分をたぶらかすようになる。しかし、専門家として彼は安全なところにいるし、不幸になるわけでもなく、神経症的にも精神病的にもなりはしない。最終的には彼は精神的に健康であり、社会的には十分に適応していて、成功した人間として死んでいくのである。しばらく前に、私は友情とかエロス的な出会いというものが、分析家にとっては、この悪魔の輪（悪循環）から抜け出してくるための一つの可能性なのだということを示した。ただ、その主張は、先に私がそう言った時にはいささか確かな根拠のないものであった。その時にほのめかされていた解決に向かう前に、私はもう少し回り道しなくてはならない。個性化というのはどんな人にとっても、どんな生活状況にあっても可能なものなのであり、またあらゆる人にとっての課題でもある。インドの瞑想のための絵巻物には、チベットの黄帽派の創始者であるツオン・カーパ（宗喀巴）が宗教的な完成の域に近づいた八十四人のインドの聖者たち（マハシーダ）に囲まれているものがある。ここに描かれているマハシーダたちの生涯を伝説として私たちは知っているのだが、彼らはおおよそ考えられるいろいろな方法で、その目的に到達したのである。あるものは修道僧として、またある者は愚か者として、あるいは踊り手として、大食漢として、またある者は皇太子として、のらくら者として、この瞑想のための絵巻物が表しているものは、ユングの言う個性化にもあてはまるのである。このような絵巻物に八十九人の分析家とアナリザントがいっぱいに描かれていたとしたら、それはグロテスクなものであろう。ユングの弟子たちの中のいくらかの人たちが、本質的な個性化の道というものは、できることならば分析という道を経ていかなくてはならないのだというようにもし考えているとしたら、それは行きすぎである。実際の分析というのは必ずしも不可欠なものではなくて、実際に私たちが自分自身を分析心理学という道具を使って綿密に把握することこそ必要なのであるというように信じるとすれば、それもまたもちろん行きすぎである。個性化というのは、分析の中でも家族の中でも、日々の仕事の中でも、芸術的な職業や技術的な職業の中でも、端的に言ってしまえば、ありとあらゆるところで起こることなのである。人間や人間存在の基本的な問題には、いたるところで出会うものなのである。あるいは、宗教的な言い方をすれば次のようになることであろう。神に仕えるにはいろんな方法がある。中世の伝説にある放浪の音楽家たちは、自分の作品を教会の中の聖母像の前で演奏したのだが、そのようなやり方で彼らは神に仕えたのである。私たちの生活の中の職業活動のほとんどのものは、明らかに、個性化の過程が特に活発になっていなくても、極めて有効に遂行されるものである。純粋に技術的なことが前面に出ているような職業では、個性化の過程は職業活動と特に関係はなくなってしまっている。精神的には健康なのだが、頑固でいこじで、世界に対してもはや開かれた態度をとろうとはしないし、今ある以上に個性化の道を進んでいこうとはしない、そんな保険数理士でも立派に仕事をやっていくことができるのは明らかである。しかし、ある決定的な影響を他の人に及ぼしているような職業では、状況は全く別のものになるのである。そこでは私たちの精神そのものが仕事を行う際の道具なのであり、その道具の精神的な状態が決定的な意味を持っているというのは自明のことである。このような職業の一つが精神療法家という職業である。精神療法家は単に技術的に、ある決まった方法に従って働いているのではない。結局のところアナリザントとか患者に作用を及ぼしているのは、彼自身の人格なのである。私が述べてきたような仕方で再三にわたって影に導かれてしまい、それを少しも感じもしなければそのことに悩むこともないという分析家は、どう見ても神経症的でもなければ精神病的でもない、真底から健康な人なのである。そんな分析家でも自分なりのやり方で、緊張感から解放された、十分に満足できる協調的な生活様式（modus vivendi）をデモーニッシュな力によってうまく発見していくことができるのである。彼は限られた枠の中では、自分と同様な健康な安定性を患者に手に入れさせてやることすら、うまくやってのけることができるかもしれない。けれども彼の患者たちの多くは、走り過ぎるようにしてすんでしまった分析の後で、神経症の症状に苦しめられることは少なくなっているけれど、分析が始まる前に比べて人間的には面白味のない人になっているし、それだけではなくて自己中心的で性悪にさえなっていることがある。そこでは何かが止められてしまっているのである。何か止められたもの、それこそ個性化の過程なのである。もはや開かれた態度をとらず、自分の影を一部分は無意識的に生きてしまうし一部分は投影するというようにして、いわばうまい具合に統合してしまった分析家は、クライエントの個性化に至る道をもう一度活発化することはできない。C・G・ユングはくり返して、私たちは自分が立っている所より遠くへアナリザントを連れていくことはできないということを示した。これが一つ一つ、神経症の些細な症状のことを指しているのではないというのは自明のことである。神経療法家として強迫神経症にかかることがあるわけだが、それでも患者をその症状から解き放ってやることはできるのである。しかし、分析家自身が強迫神経症の症状に決着をつけていないことには、患者の個性化の過程を活発化させてやることなどできはしない。個性化のある部分は、分析家にとっては分析をするということ自体が持っている影と対決することなのである。職業的な影と格闘することなしに自己に近づくというのは、分析家にとっては非常に困難なことである。なぜなら、それは他の職業の人でも実際そうなのだが、分析家の課題とか個性化に至る分析家の道というのは、実際彼の職業やその活動の中に存在しているものであるからなのである。しかしここでもまた、私たちは壁に向かって突撃しようとしているのである。分析家というものは、職業的にその奥義を極めようとすればするほど、その職業にその身をささげればささげるほど、自分の影から逃れることができなくなってしまうものであるということを、私は本書で示そうとしてきた。分析家の自我は分析状況という道具を非常にうまくマスターしているので、もはや脅かされることはないのである。

魂はもはや、さすらおうとはしなくなる。魂はもはや黄金の都市を捜しはしないのである。魂は、そこでは平和がよく確立されている、山の高みにひきこもってしまうのである。しかし壁は突き崩されなくてはならないし、魂はまた再びさすらいの旅へとかりたてられねばならない。イスラエルの民は安全な状態に憩うことを許されず、さらに約束の地を捜さなくてはならない。ただ分析的でないものだけが、時折々に分析家の抵抗を打ち破ることができるのである。分析家というのは、その分析的な武器や技術では支配することも防ぐこともできないような、ある何物かによって挑発されなくてはならない。しかしこの分析的ではない何物かは、個性化に関して天賦のものを持っている人の場合にのみ、まれにその無意識から現れてくるものである。分析家の賢明で有能な自我はほとんどの場合、無意識からの挑戦である夢やファンタジーにうまく対処していくことができるようになる。分析的ではない挑戦というのは、おおよそ考えられるあらゆる方面からやってくる。芸術作品が分析家に衝撃を与えることもあるし、歴史の研究をしていて分析家は奮い立たされることもある。自然科学に対する興味がやっかいな問題へと導いていくこともある。しかしこれらをなんとかして、ある分析的な図式の中に押しこんでしまい、そのような挑戦をかわすことなど、老獪《ろうかい》な分析家にとっては簡単至極なことである。私の知り合いで、非常に賢明で人格的にもよく分化している分析家が、ある感動的な映画を見に行った。しかし、そこで感動するかわりに、この同僚は上映のあと、その作品についての長々と賢しらな心理学的分析にふけったのであった。もしある芸術作品に深くとらわれたとしても、その時に精神療法家が作品を心理学的に解釈することによって、その芸術の呪縛を避けようとするのを見るのは珍しいことではない。つまり、「モナ・リザ」の絵からはアニマ像が見てとられるのであり、現代の絵画の中からは数知れぬくらいの女性や男性の性的な象徴が見てとられたりするのである。

再びエロスについて

さてここで、いわば袋小路からの最後の出口として、また再びエロス的な人間関係やともに生きる仲間としての人間のもとにたどりつくのである。「エロス的」（erotisch）という言葉で私は、特に性愛的ということではなくて、一般的な意味での愛情のことを指している。男や女の友だち、妻や夫、兄弟や姉妹、子供たちや親類縁者は、しばしば分析家に挑みかかってくる力をもち、分析家の犠牲にならないでしのいでいく能力を持っているものなのである。そして、このような人たちと付き合うということの中には、何か影に属しているようなものが布置しているのである。その人たちは全く別の物の見方や考え方から分析家を刺激してくる。分析家がその人々と愛情をもった関係にいる時にだけ、彼はそのような挑戦が実り豊かなものであるのを認めることができる。そうなった時だけ、彼は傷つきやすい敏感な心の持ち主となるのである。他の精神療法家や同僚たちは、分析家としてではなく友人として立ち現れる時にだけ、彼に働きかける力を持つことができるということも自明のことである。もちろんその時には精神療法家である友人が精神療法家としての共犯者にもなるという危険を十分にわきまえていなくてはならない。精神療法家というのは、自分が攻撃されないように他の人をも攻撃することをしない人であるということを念頭において考えるならば、彼は個性化を阻止しようとする戦いの老獪な協力者なのである。そして、その共犯者は心理学的にさらに進歩するのを阻止するための武器を提供してくれるのである。ここでは何が問題になっているのかを明らかにするために、いくらかの例をおりこんでいかなくてはならない。分析家の妻が、ある晩彼にこうこぼす。「このごろあなたは私がしゃべっていても全然聞いてくれないのね。あなたはもう何でも知っているような気がするわ。おうちにお客様がいらっしゃっている時には、あなたはますますなんでもよくわかってしまうのよ。あなたは私にはほとんど話をさせようとはなさらないわ。私がある話をおずおずとしだすと、あなたは決まって自分でその話をしめくくってしまうか、私の話が終わった後で私の話を訂正するのよ。お招きしたお客様方の奥様たちの話にあなたはいつも口をはさむのよ」。これは明らかに辛辣な非難なのではないが、しかし彼女の言うことはその夫のある不愉快な傾向を指摘しているのである。彼はもちろん自分を弁護することはできるし、事実を否認することもできるし、問題なのは妻が自分の問題を相手に投影していることなのだということを示そうと試みることもできる。そして、彼が妻を愛しているなら、彼はその非難を何らかのやり方で真剣に受けとめることであろう。その非難が当たっていようといまいと、彼の妻は自分が不幸だと思っているのだし、自分が不幸なのは彼のせいだと思っているのである。とはいえ彼は妻の非難が、あるいはひょっとすれば当たっているのかもしれないということを、いろいろと調べてまわったりはしないだろう。彼の妻は結局のところ彼の患者なのではないし、すべてを患者に対して行うように彼女に投げ返すことはできない。そしてまた彼の妻は彼の教育分析家なのでもないのであって、彼女に対しては、心の一番深いところでの彼の心の連関を理解してくれるのだというようなことは期待してはならないのである。彼には、ほかならぬ彼自身の特徴的な行動と対決し、それを遺憾なことだと思うという仕事が残されていて、それが彼の妻にとっては苦痛なものであるからなのである。その対決はもちろん錯綜していて、苦労の多いものになることであろう。分析家はまず感情を害し、事実に異論をさしはさんだりする。しかし、彼の妻がその主張を貫き通し、妻が結局のところ彼を愛しているのだということを知っておれば、彼は時とともにだんだん自分のことをよく考えはじめるのである。彼の影の非常に小さな部分は妻のおかげではっきりしたのである。もう一つ例を挙げてみると、分析家の友人がある日彼に言うのだった。「昨晩の君の態度は全然感心できないものだったぜ。君は若いX嬢に対して、まるで孔雀みたいに傲慢に振る舞っていたぞ。君は気がついていなかっただろうが、彼女は大学の改革に関する君の意見には少しも興味がなくって、彼女はただ君をこけにしていただけだったらしいんだ」。分析家はこの説明に対して反対することもできるが、しかし友人が敵意をもってそう言っているのではないので、彼は友人が言ったことの中から、何かある真実の核心を受け取らざるをえないのである。

これらのすべては全く害のない対決である。しかしこの無害な対決が、実際に事がどんな方向へと進んでいきうるものであるのかを示すには十分であるかもしれない。分析家は、まわりにいる人たちと極めて深刻な対決をすることも大いにありうるのである。彼が愛情にあふれた関係の中で開かれた態度でいる限り、彼は家族や友人たちの反応を真面目に受けとめるはずであるし、また彼らによって深く心を動かされてしまうものなのである。そして、このことは彼を常に新たに彼自身の影と接触させることになり、この個人的な生活の中の影との接触は、またさらに職業的な影との接触へと導いていくのである。そして、そのような対決はもちろん彼のプラスの面をも自然と指し示してくれるものである。

この点までは素晴しいし正しいことでもあるのだろうが、しかし影を活性化させることとか、また影と関わりを持つことが、個性化の過程をどのように促進するのであろうか。それはこわばった精神の中に動きを呼び起こすということによって、いとも簡単に行われてしまうのである。心は新たに開花することになる。そのように、個性化の過程は確実に誘発されるわけではないとしても、少なくとも再び可能にはなるのである。私の言い方は少しあいまいではあるが、私が言いたいことというのは、本当は詩人にしか言い表すことができないことなのである。分析家の心の動きというのが、彼のまわりの仲間の人たちの、多少なりとも害のない批判的な意見によってだけ、新たに可能になるのではないということは自明のことである。ここでは自分が相対しているまわりの人々の間で時折々に起こる葛藤とか、喜びや悲しみとか、失望や驚きなどが問題になるのである。二人の人間の間のエロス的な出来事とか、その実り豊かな作用などというものは、心理学的に無味乾燥に記述してしまうことはできないもので、ただ芸術的にしか表現されえないものなのである。そのことが行われた時には、それを再度分析的な概念で把握し理解することはできるが、しかし分析的な概念というものは、エロス的な経験の直接性によって、その都度くり返し救い出されねばならないのである。そして、この直接的なエロス的なものが、単に医者と患者の間や、分析家とアナリザントの間や、名人とその弟子の間でだけではなく、お互いに愛し合っているパートナー同士の間で起こる時にはじめて、十分に深く影響を及ぼすことができるのである。

いわゆる職業的な教育訓練はほとんどの職業では、新しい技術を修得することとか、当の職業領域での最新の研究といつも接触を保っていることとかによって行われる。石油化学を専門とする技師は専門雑誌や専門書の研究を参照することで、その専門領域で時勢に遅れないようにしなくてはならない。また身体医学の領域の医者は、彼の職業の純粋に技術的かつ自然科学的な側面が直面しているのはどんな問題なのかという現状に精通していなくてはならないし、わけても可能な限り、医学の分野で新しく発見されたことに精通していなくてはならない。しかし、専門誌を読んだからといって彼は元型の分裂を防いだり、くいとめたりすることはできないのである。だから、精神療法家というのは非常に困難な立場にいるのであり、精神療法という分野での新しい発展を研究したからといって、彼が十分に効果的にその職業を遂行してゆくためにはほとんど役立たないものなのである。なぜなら彼が及ぼす働きというのは、ほとんどが彼自身の精神の発達に関与している事柄であるからである。ところがこれは最新の専門文献からの知識によっては、ほとんど促進されることはないものであり、特別な天賦の才能を持っている場合は別として、すべては次のようなことと関係している。つまり彼が分析という城に居心地よく定住するのではなくて、世界全体に対して、あるいは特に愛情のある関係の中で仲間の人に対して、我と我が身をさらし、傷つき、そしてまた死や病気を自分自身の中で体験するという勇気を奮い起こすのかどうかということ。そして、分析家にとっての幸福というものは、分析的なことからは現れてはこないものである。分析家を精神療法家の影から守ってくれるものは、友情以外にも存在するのかもしれない。しかし、私は今まで友情以外にはそのようなものは知らない。もしあるとしたら、それはどのようなものなのだろうか。それは分析的な仕事とは関係のないものであろう。ある形の瞑想というのがそれにあたるのかもしれない。不幸なことには、ほとんどすべての分析家は、よしんば彼らが瞑想的な態度で内的生活と相対しているとしても、せいぜいのところが単調な生活を送る彼自身をそこに見出すだけになるほど、分析の影にとらわれているものである。また、たぶん神と結びついていて、彼を悪魔の罠から助け出してくれる、ある形の瞑想というものも存在するのであろう。しかし聡明で良心的な分析家はほとんどの場合、分析の世界の中に宗教的な領域をも組み入れてしまっているのであり、あるいはその宗教的な領域が彼を妨害しているような時には、それを分析的な武器を使って防ぐことができるのである。

分析家がまわりの人々とのエロス的な関係に身をさらすということは、単に彼の情緒生活がかなりの刺激を受けるに違いないということだけではない。つまりここでは、知的な理解と情緒的な体験の対照性ということが問題になっているのではないし、また分析家の中で感情がいくらか刺激され、そのようにして彼の心的発達が少しは促進されるということだけが問題になっているのでもない。我々の主要な関心は、彼の生きることによって起こる分裂を克服することであり、彼が仲間の友人たちと積極的に、苦労しつつも、しかも喜んで直接的にぶつかっていくことが、主眼なのである。彼は、このもっとも難しい問題に挑戦するために、もう一度身をさらして何とかして方法を見出さねばならないのである。なるほど自分の存在は揺り動かされるだろうが、しかし年寄りの繰り言のように「私は知っている。私は知っている」、と言うのではなくて、ソクラテスの「私はなにも知っていないのだ」、を言えるようにならなければならないのである。

分析家という職業には、他の職業とも共通する多くの特質がある。いわゆる「助力することをその使命としている」すべての職業は非常に重大な影の脅威にさらされているのである。私はこのことを、ソーシャルワーカーという職業についてかなり詳しく描写しようとした。人を助けてやりたいと思っている人は誰でも、不幸や社会的な失敗や無知や病気と関わり合っていくことによって、自分たちの中に極めて困難な心理学的な問題が布置されてくるものであるということを、はっきりと意識していなくてはならない。これらの職業の訓練では、残念ながらこのことが完全になおざりにされているのである。クライエントや患者たちによって引き起こされる困難さについては非常によく話されるのだけれど、治療者自身の暗い側面によって引き起こされる困難さのことはほとんど語られることはない。ソーシャルワーカーや看護師や教師や保健師（ソーシャルナース）や医者の職業訓練は私が言ってきた意味で、その人たちのクライエントの問題というのは彼ら自身の問題でもあるということを、くり返しくり返しはっきりさせるように試みられなくてはならない。死刑の判決が下されて刑場へと歩いていく殺人犯を見て、あるイギリスの判事が言ったように、このような職業に従事している人は何度も自らに呼びかけなくてはならないものなのかもしれない。「神の恩寵がなくとも、私は行く」と。だから、またこれらの職業に就こうと学んでいる人たちは、どのようにしてその職業の影の側面が出現してくるものなのかについて、詳細に知らされていなくてはならない。自分の職業をあたかも技師のように、純粋に技術的に客観的に遂行することができるなどと大真面目で信じているような、よく訓練されたソーシャルワーカーなどいるはずもない。子供たちだけが子供っぽいのであって、自分には全く子供っぽいところなどないと信じているような教師が存在することなど許されないことなのである。患者の中にしか病気を見ないで、自分は全く健康だと思っている医者などにはほとんど出くわすことがない、というようだったらどんなにか素晴しいことだろう。ここにこれらの職業の教育にたずさわる者にとっての、非常に大きな課題が存在しているのである。

ところで精神療法家の場合にはさらに、何かしら極めて特殊な困難さがつけ加わってくる。深層心理学によって自己探求や自己認識への新しい道の一つが与えられたのである。深層心理学が与えてくれた知識とか分析によって、人を助力することをその使命とする職業は、その職業に固有の問題と闘う際には、その職業以外のところからの援助をあおぐことができるようになったのである。自分の影にとらわれないようにするためには、ソーシャルワーカーは仲間のソーシャルワーカーによって、ケースワークを受けるように面倒をみてもらう必要はなく、彼は分析家のところへ行けばよい。また教師も、自分自身の心的発達のために学校で、他の教師のところを訪ねる必要はない。そしてまた、医者は必ずしも他の医者にみてもらわなくてもよいのである。これらの、人を助力することをその使命としている人たちにとっては、分析への道以外にも、もちろん数限りのない自己発達の可能性が、思いのままに手に入るのである。芸術や宗教や政治とか、友情や家庭とか、あるいはもっと他のものによって、自分の影との間の偽りの平和に憩うことはできなくなってしまうが、個性化ということの中で、数限りない自己発達の可能性は促進されていくのである。

他の人を全く特別なやり方で手助けしようとする、まさにそのこと——つまり分析とか分析心理学の知識ということなのだが——が、分析家をますますますその影の中に巻きこんでいくようにしていくのであり、分析家の生き方はますますこわばって融通のきかないものになっていく。分析家が他の人を手助けすることができるようにしてくれている道具は、分析家自身にとっての命取りになるのである。彼はあらゆる挑戦をしのぐことができるのであり、アナリザントは皆彼に打ち倒されてしまう。また彼は、その分析的な考え方を駆使することによって、宗教的な挑戦さえ無力なものにしてしまうことがある。彼は無意識と出会うことには通暁しており、それをまた巧妙に思慮深く行うのである。彼が愛する人々との間で行う、心をすっかりとらえてしまうような交際の中でのみ、彼のこわばってしまった世界の中に、ある新しい次元が現れてくることになる。もし彼がこのようなことを行わず、仲間の人々との関係をその心理学を使って空疎なものにしてしまったならば、彼は悲劇的な人間になってしまうだろう。しかし、もし自らをあらゆることに対して開いておくことができるようになれば、分析家自身もさらに発達していくことができるようになるのであり、神経症にとらわれている仲間の人間を助け出したり、あるいは仲間の人間の個性化を助けるというようなことが、彼には非常に広い範囲にわたって可能になるのである。そうであってはじめて彼は、深層心理学の膨大な基礎を持った真の学徒となるのであり、フロイトとユングが英雄的なやり方で創始した、心の極めて深い層との対決を彼らの衣鉢を継いで続行することもできるのである。つまり彼は、自分の本当の天職を生きることができるようになるのである。

精神療法家というのは全く特殊な新しい職業である。彼はこの世の中を経巡り、精神を全体として探求しようと努める。現代の人間にとって素晴しい冒険というのは、単に外的世界の探求ということだけなのではなくて、心の研究も同じくらい偉大な冒険なのである。固まろうとしている元型の分裂にうまくとらわれることなく済んでいる精神療法家は、彼の同時代の人々や彼自身にとって、はかりしれないほどの貴重なことをなしとげることができるのである。もし精神療法家がそれを使う術を知っているならば、現代の人たちに全く新しい次元を開いて見せることができる知識を、分析心理学は与えてくれている。しかし、彼は自分自身や仲間の人たちの中にある、恐ろしい力と取り組み闘わなくてはならない。彼が再三、影と闘っていてはじめて、彼は自分に課せられた課題を遂行することができるのである。彼は一晩天使と闘って、天使の祝福を得ることができたヤコブのように、一晩だけではなくて生きている限り、神の祝福を目指して闘いを続けなくてはならないのである。

訳者あとがき

本書はAdolf Guggenbühl-Craig, Macht als Gefahr beim Helfer, S. Karger AG, Barel, 1978 3. Auflageの全訳であるが、すでに英訳されているPower in the helping professions, Spring Publications, New York, 1971を参考にさせてもらった。ドイツ語のものは第一版は英訳と同じ一九七一年に出版されているが、一応一番新しい第三版を利用した。最初、安溪真一がこれを訳して後にこれに樋口和彦が手を加えて完成をみたのであるが、仕事をはじめてから思わぬ長年月を要してしまった。安溪は精神科医師としてのさまざまな臨床の仕事のために時間がどうしても必要であり、樋口はまた教育と臨床そしてさまざまな仕事の要求からまとまった時間をとることができず、不本意ながら長い時間がかかることとなってしまった。

しかし、この仕事を最後まで完成させようと私たちを支えたのはやはり次のような人々であって、本書の中で説かれている、あらゆる種類の人々と接して他人を援助する職業に従事する人々、例えば、精神科医、ケースワーカー、カウンセラー、臨床心理治療家、看護師、教師、牧師など幅の広い人々である。これらの人々と援助を要する人々の間にどんな力動的な問題が起こるか、そして、どのようにこれらを解決していくか、この問題に日夜苦しんでいる人々にとってどうしても本書のような内容のある書物が必要になってくる。最初に本書を手にした時、筆者などは目から鱗の落ちるような経験をした。実はこの訳者の二人の間にも先述のような関係が存在しているのであるが、ある日ヒョッとしたことからこれを彼に読むように薦めたのも私であった。そして、彼はこの本をべつに出版しようと思って訳したのではなかった。むしろ、私は彼の側で見ていただけれど、彼もむさぼるように読んだのではなかっただろうか。この本の内容が臨床家としての彼には血になり、肉になり、そして精神科の医師としての彼の診療内容に多くの影響を現しはじめたことが後でわかってきた。そこで二人はこんなによいものなのなら、自分たちだけで利用しないでちゃんとした形で二人で出版しようということになったのである。そう約束し、訳しはじめてからでも数年にもなる。そして、今完了してみて、温めておいた我が子を世に送るような気持ちでいる。もはや二人だけの間の物語ではなくて、皆に知ってもらい、役立ってもらいたい、この本に広く働いてもらいたいという気持ちである。

おそらく翻訳そのものには多くの欠点があり、読者の方々の訂正を待たなければならない部分が多くあると思うが、また、これについては大方のご指摘を歓迎し、それを受けて新しい版で次第に改良していきたいと思っているが、それでもこの本を世に出す意味は十分にあると考えている。本書の中でも指摘されているが、なぜ普通の人より愛を多くもつように思われる人々、つまり援助専門家と呼ばれる人々の善意が、他の人々の自立に時にちっとも役に立たないばかりか、反対に恨まれたり、害を与える結果になってしまう現象はどうして起こるのだろうかという基本的な問いにこの本は答えてくれるからである。もともといいかげんな医者やケースワーカーなどいんちき専門家がその道を誤ったところで、筆者はいっこう心を痛めないが、せっかくの善意ある専門家、しかも特に真面目な人々が愛ゆえにかえって過ちを犯すのはなぜだろうか、それを防ぐにはどうしたらよいか、この問題を私に答えてくれたのがこの本であった。したがって、職種を問わず援助を専門とする人々にできるだけ多く読んでいただきたいし、筆者など幾度となく犯した同じ過ちを読者がくり返さないようにしてほしいという願いがこめられているのである。グッゲンビュール＝クレイグ博士が多年にわたる臨床の経験から、「援助者—被援助者」両者の間のダイナミックス（力の関係）を活き活きと私たちに教えてくれる、その核心部分が世の医師やケースワーカー、カウンセラー、教師などの人々にわかっていただけたらと思ったのである。

＊＊＊

この本の標題であるが、原文通りに訳すと『援助者の危険としての力』(Macht als Gefahr beim Helfer)、『援助専門家の力』(Power in the helping professions) となっているが、いずれも日本語にそのまま訳したのではもう一つピンとこないので、いろいろと苦心したが結局最後までやはり適当なよい題は見つからなかった。もう時間切れ寸前に多少文学的で気になるが、やっと『心理療法の光と影』となった次第である。これについて、昨年秋に原著者のグッゲンビュール＝クレイグ博士とお会いして、この標題について苦心していることを話し、そして何かよい題はないかと尋ねたところ、彼はニヤリと笑って「ないよ。君が自由につけたらよいだろう」と言ってくれた。まるで、「僕は自分の独文の題は自分で苦しんでつけた。英訳は英訳の人が、うまくつけたね。日本訳は君の責任だよ」、と言わんばかりであった。そして、その国の人々に役に立つならどうしてくれても結構という態度で、私もはっはぁ、彼もつくづくユンギアン（ユング派の分析家）の一人だなあと思った次第である。そういうことで筆者は自分の責任で一応このようにつけたが、読んでみて読者はどう思われることだろうか。

そこで多少解説めくのであるが、ここでこの書物を成り立たせている二、三の概念を説明しておいた方が理解に役立つのではないかと思うので、若干述べてみたい。この本の根本にあるのは分析心理学の考え方であると言ってよい。だからこのユング心理学の基礎概念に全く馴染みのない読者はちょっととまどうのではないだろうか。例えば、影 (schatten)、元型 (archetyp)、自己 (selbst) などは皆それである。本書の中では特にそれを意識しなくても全体として読めるようにはなっているが、これらをもっと正確に把握しているとなお深いところまでわかっていただけるのではないかと思う。これらについては拙著『ユング心理学の世界』（創元社）や河合隼雄著『ユング心理学入門』（培風館）などの入門書を一読されるとよいであろう。そもそも本書はスイスのスプリング社の出版物の一冊として分析心理学を勉強する心理療法家のサークルで世界的に重要な本として読まれているもので、現在、訓練を受けて心理治療家になる人々の必読書の一つとなっている。

C・G・ユング（一八七五〜一九六一）という人は最近ではやっと多少知られるようになってきたが、精神分析学の祖であるS・フロイトに比較してその学説はあまり知られていなかった。しかし、近年日本でもまたアメリカでも一種のブームのようにフロイトと共に読まれるようになってきて、フロイト派の精神分析家と共に、ユング派の精神分析家も世界中で次第に増加しつつあるのも事実である。主な中心地はやはりスイスのチューリッヒで、それにロンドン、ニューヨーク、ロサンゼルス、サンフランシスコ、ベルリン、ローマ、パリなどで研究所や訓練センターが数多く開かれている。このフロイトとユングの両者の学風の理論面はさておき、現象面での相違は、なんといっても精神分析家はフロイト派ではまず医師でなければならないし、一般の人々にはその厳格な訓練があまり開放されていないが、ユング派では、ユング自身は医師であったが、それ以外の職業の人々にも最初から広く開かれた関係をもっていたせいもあり、また彼は特に古代の医学に興味をもち、近代以前の医学が今日でいう医師、看護師、宗教家、ケースワーカー、カウンセラーなど苦しんでいる人々を助ける職業を広く含んでいたと考えたために、これらの人々との接触を重視したのであった。したがって、筆者が学んだチューリッヒのユング研究所はユング自身によって一九四八年に開設された機関であったが、この研究所には世界各国から医師以外でも宗教家や芸術家、小説家など、何らかのかたちで人間の創造性と関連をもった数多くの職業の人々が集まってきていたのが印象的であった。

この本の著者、グッゲンビュール＝クレイグ博士はそのチューリッヒのユング研究所の所長を最近までされていた人である。現在は国際分析心理学会会長の職にあり、ユング派を代表する学者の一人である。書物の中にもあるように、比較的新しい分野であるスイスのケースワーカーたちの訓練にも興味をもち、彼らのグループを多年にわたって指導されている。そのような教育の体験から本書が書かれるに至ったのであろう。この本の他にDie Ehe ist tot-lang lebe die Ehe!（1979）, Seelenwüsten Betrachtungenüber Eros und Psychopathie（1980）などがある。筆者が最初に著者と出会ったのは一九七五年六月のことであった。第二回目のユング研究所での在外研究でチューリッヒに滞在した時であった。彼の分析室は市内の中心部のウンター・ズーネ一番地という古い歴史的な街角の一部にあった。忙しい分析の時間の合間に私と会ってくれた。待合室で待っているとやがて、分厚い手をした、学者というより素朴な山男という感じのいかにもスイス人らしい男が出てきて自分の部屋に招き入れてくれ、それが彼であった。

後で考えると、どうもこの待合室は他の分析家と共同で使っているらしい。日本には未だこんなふうな心理分析家は存在していないが、ウィーンとかチューリッヒなどには有名な分析家がいずれも私的な治療室をもっていて、そこからこの学問は発達したのである。普通、秘書が一人と分析家とで開業していて、用事のある人は電話で予約をとるようにしてある。実は私もあらかじめ電話で申しこみ、彼の時間がないので昼の休みに来いということになっていたのである。彼は椅子をすすめて私を座らせると、自分でどこからかパンとチーズとそれを切る台を持ってきて切りはじめた。そして、私にもそれをすすめながら、語り出したのである。彼は親戚の者が日本人の娘と結婚して東京にいること、だから日本人には特に興味があるといって、親しげに話してきた。私の分析家はJ・ヒルマン博士といって彼の友人であり、ライバルでもある人で、共に現在のユング派を代表する学者であるが、すでに彼から私のことは紹介されていた関係で、話は次第に東洋と西洋、エゴの発達の問題などあちらこちらに飛び、尽きることを知らなかった。彼はスイス人の好物の乾いた肉を頰ばりながら、ロンドンで次に開かれる国際学会でまた会いましょうと言ってくれ、出席のための推薦状を書いてくれた。

そして、その年の秋、ロンドンで再びお目にかかることになった。他の外国人と共にロンドンの郊外を散歩しながら、旧交を温めることができた。昨年の九月に第八回国際分析心理学会がサンフランシスコで開かれたのを機会に、再びその会場でお会いすることができた。その学会のなかでも彼とJ・ヒルマン博士のシンポジウムでの主題講演は開期中の圧巻であった。T・キルシュというアメリカ人学者の司会者は次のように彼を紹介した。「このドルの地カリフォルニアで、ユング心理学の権威者で、アイルランド人を夫人にもち、ご自身スイス人であるこの方はこの主題にはぴったりの人であります。そして、今夕のテーマは『魂と金』(Soul and money) です」と言った時、人々は両者ともお金に関係があるので（スイス人もアイルランド人も共にケチで、よく冗談に使われる）笑いながら彼に拍手を送っていた。

私は、彼が現在ユング心理学を代表する学者としてもっとも中心的な一人ではないだろうかと思っている。彼はどちらかというとユングのような著述家ではない。どこまでも心理治療家であり、医師である。しかし同時に、次の世代を教育する指導的分析家であり、その深い臨床体験からの著作は心理療法を志すものにとって鋭く批判的でありつつ、しかも教育的な洞察を含んでおり、いずれも味わいのある著述となっている。そして、ユング心理学を知らない人々にも普通の言葉で魂の深層を語ってくれるのである。ユング派の著作にはどちらかというと神秘主義的で眩学的な書物が多い中で、これは患者と治療者との間に生起するごく普通のダイナミックスをとりあげて、実際に役立つものを狙いつつ、魂の深層の動きを示してくれる優れたものである。

＊＊＊

用語について若干解説しておくと、本書の中で分析 (analyse) という言葉がよく出てくるが、前に述べたように分析家は日本では珍しいので読者はとまどわれるかもしれないが、ここでは心理治療（精神療法ともいう）、カウンセリングなどと同義語として使われていると考えてよい。一対一で行われる、薬による治療ではなくて、言語による治療や援助を意味しているのである。治療と言っても文字通り、ノイローゼや精神病の治療の意味でもあるが、もっと広義に解すれば健康な人がさらに高次の自己実現を目指して行う共同作業と考えてよい。つまり分析を受ける人のすべてが病人ではなく自己実現に向かって分析を受ける人もいるわけで、筆者もスイス滞在中に芸術家や小説家など創造的な仕事をする人で、休暇をとってスイスに来てそれぞれの分析家に会って自分の無意識の分析――主として夢の分析であるが――を行うために分析家の治療室を訪れる人を多くみた。これは西欧では一般的に見られる現象だが、日本では分析家の数も少なく、治療というと薬物療法が中心で、まだ十分には発達していないようである。この分析関係は治療者と患者の一対一の関係から成り立っていて、人間のあらゆる情動が相手に投射されるので、人間の深層を知る上で、こよなく大切なものである。そのためにはまず自分自身の分析が大切で、優れた心理療法家になるためにはまず第一に教育分析と呼ばれる自己分析が義務づけられている。その他、ケースコントロールと言って、小グループで自分のもっているケースをスーパーバイザーなどに聞いてもらい、相互に批判するグループワークがある。本書にもケースワーカーのそのようなグループからの影響と、教育分析の成果が所々で引用されている。特に、なぜこのような援助を目的とする専門家になるかという動機の分析など興味深いものがある。そして、その中でも大切なのは、医者と患者がそれぞれの中に抱く強力な医者と弱い患者、弱い癒す力と強力な病める部分のイメージの力動性の分析である。これはグッゲンビュール＝クレイグ博士の独壇場で、この分裂した元型という考え方によってユング派の元型理論を一歩前進させたと言ってよいであろう。

ユング自身は元来、老賢者、影、アニマ・アニムス、自己など多くの元型を唱え、そしてその次の世代のノイマンなどはウロボロスや太母、英雄など、人類発生以来人間の無意識の中で活動している心的エネルギーの塊とも言うべき型を神話や童話、宗教、人類学などを通して次々と明らかにしてきたが、第三世代の分析心理学者とも言うべき彼らに至っては、引き裂かれた元型の考え方に到達した。そして、その両者がどのような力動性の中で展開していくかを示したのである。例えば、J・ヒルマンは最近では元型としての老人と少年（Senex et Puer）などの対極性に注目して、このような元型論をさらに大胆に展開していっている。どちらかというと筆者はJ・ヒルマンに比較して、オーソドックスでどこまでも分析の現場や治療を大切にして、その中でも力動性を基本にしてみて行こうとする手堅さがこの本の著者にはあるとみている。この点、私は彼の中にスイス人らしい保守性をみると同時に、その分析室というちょうどスイスの国のような狭い空間に宇宙をみて、一気に世界全体の広さ、深さを投射してみせる重厚さと拡大性を合わせもっているようにみえる。

したがって、本書にしばしば出てくる患者という言葉もあまり厳密に病のある人を意味しないとみてよい。被分析者の意味にも援助されるものの意味にもなる。ユング派では本質的に病と健康とをあまり明確には区別しないからである。人間は常にある意味で不完全であり、病んでいる。また、健康とは必ずしも肉体的健康だけを意味せず、精神を含めた完全性とか救いとかという言葉と置き換えられるもので、全き健康は生ある間には完成せず、人間は常に自己実現に向かって生成発展する存在である。これをユングは個性化の過程(Individuationprozetz）とよんでいる。だから、治療とは、教育であり、修養であり、自己完成に向かうさまざまな営みであると解釈できよう。日本でいうなら、禅の修行などこれに当たるのかもしれないし、瞑想など心理治療としても大切なものである。このように、どの言葉も幅広い概念の広がりをもっているのがユング心理学の特徴で、本書でも読者は自分流にわかるように解釈していただいて結構なのである。著者は西欧世界を基盤として活躍している人であるから、引用なども聖書や北欧神話など、時に我々とはかなり距離のある例を引いているが、それらは実は西欧の人にとってはまさに生々しい例であるはずで、いつか著者が日本に来てこの国の文化の中で語ってくれたらどんなに面白いだろうと私は想像をたくましくするのである。そして、いずれそんな日が来るような気がしてならないと思うのは私一人だろうか。訳者の一人安溪はこの秋スイスのユング研究所に正式の研究生として旅立つことになっている。彼にとって二回目のスイス留学であるが、教育分析を受けることになっているので、この訳業の成果が彼の分析の上に出るように祈っている。

＊＊＊

実はこの書物が日の目をみるようになるためには多くの人々の励ましがあったのであり、これらの人々に感謝しなければならない。

第一は、なんと言っても、五年以上も前のこと、三年ほど続いて本書の英訳を最初に読みきった読書研究会がなかったらこれは出来上がらなかったであろう。それは、京都市教育委員会カウンセリングセンターのカウンセラー諸君との読書会である。当時の所長、渡辺博氏（現在華頂短大教授）、現所長、岡田勲氏、日高正宏カウンセラーなど参加者の方々と共に、一行一行毎週、討論しながら、自分たちの治療を反省しつつ、楽しい時間をもった。そして、随分とこのグループから我々は成育していったことを感謝をもって憶えている。

続いて、その後に今度は独文を手に入れて、全く新しく安溪によって訳がなされ、小生と共に原稿にしていく作業に入ることになるのであるが、その間、松下病院の精神科医長岡本充裕氏が目を通してくれたり、東海銀行相談室カウンセラーの市橋益代氏が原稿の清書などの労をとってくれたりした。また、それこそ骨身を惜しまぬ努力で励ましてくれた創元社編集部の高橋輝次氏の忍耐深いご援助に対しても心から感謝を申し上げたい。

本書の出版により、心理療法の本質が一層解明され、多くの援助専門家がこれによって助けられるよう期待している。

一九八一年五月　京都・修学院にて

樋口和彦　記

本書は一九八一年に創元社から刊行した書籍を新装のうえ、全面的に組み替えしたものです。

〈著者略歴〉

A・グッゲンビュール=クレイグ

1923年生まれ。スイスのチューリッヒ大学医学部で精神医学を修めた後、精神科医、分析家としてチューリッヒで開業。スイス、C・G・ユング研究所の所長を勤め、ユング派分析家として活躍。本書の他にDie Ehe ist tot-Lang lebe die Ehe（邦訳『結婚の深層』）などの著書がある。

〈訳者略歴〉

樋口和彦（ひぐち・かずひこ）

1927年横浜生まれ。同志社大学神学部・大学院神学研究科修了。米国アンドヴァー・ニュートン神学校にて神学修士（S. T. M）および神学博士（D. Min.）を取得。京都文教大学学長。深層心理学、宗教心理学専攻。C・G・ユング研究所にて在外研究。1983年、ユング派精神分析家の資格を取得。2013年、逝去。

主著『ユング心理学の世界』（創元社）、共著『生と死の教育』（創元社）、訳書ユング編『人間と象徴』（共訳）（河出書房新社）、『結婚の深層』『自殺と魂』（共訳）（創元社）など。

安溪真一（あんけい・しんいち）

1946年富山県生まれ。1970年京都府立医科大学卒（精神医学専攻）、1972年から樋口和彦教授より教育分析を受ける。1981〜1985年、チューリッヒ、ユング研究所留学。1985年11月、ユング派分析家資格を取得。分析心理クリニック（京都）、宝塚三田病院医師。逝去。

創元アーカイブス

心《しん》理《り》療法《りょうほう》の光《ひかり》と影《かげ》——援助専門家《えんじょせんもんか》の《力《ちから》》

2019年10月20日　第1版第1刷発行

2024年11月10日　第1版第4刷発行

著　者　A・グッゲンビュール=クレイグ

訳　者　樋口和彦　安溪真一

発行者　矢部敬一

発行所　株式会社 創元社

〈本　　社〉〒541-0047 大阪市中央区淡路町4-3-6
電話（06）6231-9010㈹

〈東京支店〉〒101-0051 東京都千代田区神田神保町1-2 田辺ビル
電話（03）6811-0662㈹

〈ホームページ〉https://www.sogensha.co.jp/

印刷　フジプラス

ISBN978-4-422-11490-3 C1011